Ciclos Políticos

Ciclos Políticos

en la historia del pueblo mexicano
1812 a 2012

Mario Raúl Mijares Sánchez

Junio 2014

Número de Control de la Biblioteca del Congreso de EE. UU.:		2014911190
ISBN:	Tapa Dura	978-1-4633-8718-1
	Tapa Blanda	978-1-4633-8717-4
	Libro Electrónico	978-1-4633-8716-7

Para realizar pedidos de este libro, contacte con:
Palibrio LLC
1663 Liberty Drive
Suite 200
Bloomington, IN 47403
Gratis desde EE. UU. al 877.407.5847
Gratis desde México al 01.800.288.2243
Gratis desde España al 900.866.949
Desde otro país al +1.812.671.9757
Fax: 01.812.355.1576
ventas@palibrio.com
521711

ÍNDICE

Presentación

El Dr. Mario Raúl Mijares Sánchez de nueva cuenta nos sorprende con una descollante obra: *Ciclos Políticos (En la historia del pueblo mexicano: 1812 a 2012)*, de la cual puedo asegurar es un nuevo tratado de ciencia política. En ella se examina con profundidad los problemas nodales del complejo entramado político y social en sus distintos periodos, desde inicios del siglo XIX hasta las vicisitudes de la contemporaneidad mexicana. El texto que tiene en sus manos, suministra de manera analítica los aspectos coyunturales de la historia de México a través de la indiscutible capacidad reflexiva del autor, mediante las categorías propias de la ciencia política.

El libro propone una serie de reflexiones que ayudan a comprender por qué México no logró constituirse como un Estado soberano en todo el siglo XIX. Éste yació a la vez casi una centuria en la inopia, con luchas internas y externas, muy a pesar de las distintas constituciones escritas y los esfuerzos de autodeterminación, que pudieron haber significado un avance para instaurar un régimen constitucional. Fue a la vez, cuando los mexicanos vivimos en franca anarquía y golpes de estado, además de padecer gobiernos de tiranía. Este siglo fue de constantes repeticiones, tal como lo ejemplifica la investigación.

El autor expone cómo hasta 1917 es cuando se consigue finalmente apelar a un pueblo constituido. Es ahí donde se incorporan por primera vez, en forma visible, los preceptos explícitos de la convivencia dentro de un Estado. Es la Constitución Política de los Estados Unidos Mexicanos, documento fundacional del México moderno, con la que finalmente se logra plasmar la concertación del pacto político con todas las clases sociales del país. Este documento infundió respeto, eficacia y vitalidad para atender a las mayorías.

Tal como se colige del escrito, los habitantes de este país, con este instrumento legal, por vez primera tenía un proyecto claro de construcción nacional. Sin embargo, los gobernantes en turno empezaron a permitir la intromisión de personas ajenas e inexpertas al quehacer político, además de favorecer la colusión entre particulares y burócratas gubernamentales, iniciando así, ensayos contrarios al objetivo original. Es al finalizar el ciclo de los presidentes militares, cuando comienza la descomposición de México. En esta etapa, se da apertura a las especulaciones respecto al propósito del pacto político estampado en la Carta General. Los problemas que se plasman en el documento son reales, pero desgraciadamente la exégesis de su letra ha sido modificada por medio de cientos de reformas, las cuales van en detrimento de la nación.

En este sentido, Mario Raúl Mijares Sánchez señala, a partir de la crítica altamente ilustrativa y depurada, los efectos de las reformas estructurales, mismas que a su parecer han ejercido sobre la mayoría de las instituciones políticas del país, formadas durante el proceso posrevolucionario, una grave ruptura; todo ello se analiza en el capítulo IV, que en definitiva plantea el asalto de la oligarquía al poder. Sin duda, es una investigación que arroja un resultado inédito, un hallazgo que ayuda a entender cómo es que el pueblo mexicano hoy día está repitiendo gran parte de lo acontecido en el siglo XIX: la deuda externa; los fraudes electorales; la corrupción política y económica; la venta de los recursos en oro; plata; energéticos y la represión, entre otras calamidades.

No se puede menos que lamentar todo lo expuesto con antelación, por tanto, es necesaria la lectura y compresión de la presente obra. Las reflexiones vertidas a lo largo de sus páginas colaboran ampliamente a descifrar los problemas sociales de nuestra época, arrojando luz sobre las diversas líneas de investigación académica.

El raudo recorrido en la cultura política mexicana no pretende siquiera discutir sobre los principios que se han mencionado. El deseo que permea esta nueva obra de Mario Raúl Mijares estriba en que las dificultades pueden resolverse, siempre y cuando los mexicanos conozcamos el problema político, para así obtener una solución satisfactoria. Nuestra sociedad debe educarse para exigir un buen gobierno, por ello es necesario recuperar la esencia del proyecto democrático de 1917.

Como aporte para la renovación del mercado editorial caracterizado por un sinnúmero de títulos destinados al entretenimiento, La Universidad IVES se complace en apoyar este tipo de labor intelectual, con el propósito de incrementar la disección minuciosa de la realidad.

Dr. Carlos Luna Escudero

Capítulo I

Introducción

> Sócrates trata de las revoluciones en la República de Platón, pero no bien, porque falla en mencionar la causa particular de las mudanzas que afecta al Estado primero o perfecto [Realeza]. Sólo dice que la causa es que nada permanece -pero todas las cosas cambian según un ciclo político determinado- [...] (2010)[1]

Entre los numerosos elementos políticos encontrados en México en los siglos XIX y XX, destaca la desigualdad social vivida en esa época. Igualmente, sorprende las constantes mutaciones políticas provocadas en periodos estrechos sacudiendo al pueblo mexicano. Acaso, por tales causas, este país siga siendo el prototipo de nación con enormes rezagos. En los diferentes ciclos políticos consumados en el primer periodo de estudio, la clase pobre, tanto rural como urbana, salió siempre afectada. Todo inició por las graves complicaciones políticas y sociales de sometimiento impuestas a partir del movimiento insurgente de 1810.

Resulta paradójico observar cómo, en estos años, toda posibilidad de avance, en la mayoría de las ocasiones, era frenada de manera inmediata. Ante tales acontecimientos, los responsables en turno enfrascaron al país en una serie de repeticiones históricas. En cierta medida, todo lo anterior se relaciona con el conflicto de no poseer un proyecto de nación, además de

---

[1]   Marcos (2010) p. 353.

carecer, las más de las veces, de gobernantes con visión de estadistas, los cuales pudieron haber resuelto las demandas del pueblo.

Ante esto, es de vital importancia tomar en consideración cómo México, de forma persistente, ha mantenido un mando único. Una centralización política en donde explícitamente se sustentó[2] dentro del principio de tiranía. Pero también bajo el esquema de gobernantes carentes de autoridad, ambos diseños con resultados fatales. El Constituyente, en 1917, pretendió entronizar una forma de gobierno en favor de todas las clases sociales, esto, con el propósito de amainar la terrible y avasalladora pobreza social. No obstante, durante los diferentes ciclos políticos posteriores, se pudo comprobar cómo esa profunda desigualdad social es la generadora del retroceso en el devenir histórico del país.

Es fundamental abrir los sentidos frente a la insondable e histórica discordancia de los pueblo mexicano.[3] Sobre todo, considerando la gran injerencia de la Iglesia Católica en las decisiones gubernamentales a partir de la colonia. En este sentido, es prudente razonar el dramático enfrentamiento hispano-azteca, con la perspectiva del célebre debate conocido como la Controversia de Valladolid (1550), en donde el apacible comportamiento del mexicano no encajaba ante la visión europea. La Iglesia, al finalizar la controversia, aceptó que el natural de estas tierras "era un ser humano", y no un animal, tal como lo querían demostrar algunos iberos y clérigos. Dicha concepción errónea y primitiva no era compartida por los defensores de los indígenas, quienes, al término de la discusión, derrotaron a sus opositores en la querella.

Tal decisión eclesiástica la hicieron saber a la Corona Española para determinar el tipo de trato que en lo subsecuente sería preciso otorgar a

---

[2]   La centralización hace comprender la concentración del poder de manera unilateral, recayendo en la figura del responsable del Poder Ejecutivo.

[3]   Es justo comentar que el término pueblo mexicano tiene su antecedente mucho antes del dramático desafío entre aztecas e hispanos. Es polémico y lleno de contradicciones el arribo y esplendor imperial de éstos a la Gran Tenochtitlán. La definición, para fines del trabajo, se finca sin caer en el absurdo cartesianismo, en su devenir histórico, de como se sabe procede de aproximadamente 900 d.C. Un pueblo cuyas acciones y pasiones revelan semejantes sufrimientos e ignominias hasta nuestros días.

los mexicanos.[4] Sin duda, fue el inicio de una sociedad mexicana rodeada por un racismo cruel, pues la Iglesia, de manera demagógica, aceptaba que "todos los hombres son iguales delante los ojos de Dios," y, por tanto, obligaba a la Corona a admitir en sus filas al pobre, indígena, mestizo, criollo, aunque su relación con estas clases fuera contraria a lo que ellos predicaban.

Si bien el Almirante Cristóbal Colón le proporcionó a Isabel La Católica, reina de la Corona de España, la más preciada de las gemas con el descubrimiento del Nuevo Mundo, la cristianización de su habitants se produjo en una nada piadosa conquista material, mucho menos espiritual.[5] En los trescientos años de colonización y esclavitud, no para gloria de la monarquía española, fue esa solaz inquisición religiosa, protegida por la misma Corona, quien campeaba ejecutando acciones de terror. Todo ello en medio de los rezos de los eclesiásticos católicos. Esa es la verdadera contradicción, la cual todavía sigue siendo inseparable en la tragedia de la sociedad mexicana.

El pueblo mexicano ha sido sometido no únicamente por el clero, sino también por la autoridad de carácter tirano; sumando lo anterior, también acude un segmento de timidez intrínseco de estirpe. Todo esto da un resultado nefasto, producto de muchos años de mantener sumidos a sus habitantes en una caverna oscura.[6] Algunos especialistas afirman que la religión católica favoreció el desarrollo y aceptación del sufrimiento en la falsa consciencia del mexicano, arrastrandolo con imágenes fatalistas, a la abnegación. La consecuencia, ovio, es la aceptación pasiva y determinante de su destino.[7]

---

[4]   La discusión parte de bases teológicas, pues la Teología era considerada superior a cualquier otro saber (philosophia ancilla teologiae). No discurría en torno a si los indígenas de América eran seres humanos con alma, o salvajes susceptibles de ser domesticados como animales.

[5]   El nombre del Gran Navegante, Cristóbal Colón, al igual que su nacionalidad, han sido por demás investigados y discutidos. Hay quien afirma que fue judío, genovés, inglés, e incluso francés; aduciendo nombres como Juan Colón, Cristóbal Colón o Cristóforo Colón.

[6]   Molina (1969), pp. 105-120.

[7]   Léase la novela de José Revueltas El luto humano para tener una visión más certera acerca de este tópico. El texto desarrolla de forma magistral ese "fatalismo" en el mexicano, este "espía de Dios". En ella se narra la historia de

Pero no todo es sumisión, de alguna manera concluyen eventos de rebeldía y rechazo por parte de algunos naturales. La misma sentencia de Porfirio Díaz pronunciando a finales del siglo XIX es lapidaria: "los mexicanos no saben mandar pero tampoco obedecer". De ahí viene la altísima aniquilación de indígenas en la colonia, los cuales no solamente morían en las minas.

Ante tales referencias, lo paradójico se evidencia en la jerarquía eclesiástica, pues nunca se opuso a la desigualdad social sufrida por los naturales en la colonia ni hoy día. Durante esa época, los indígenas y mestizos resistieron la ley de hierro del Temixtlán, después sería la ordenanza de la Nueva España. En este sentido fue irracional el proceder de los iberos, quienes 1528 acusaron a los franciscanos de proteger a los desamparados naturales. De este modo, Motolinia, Luis Fuensalida y Pedro de Gante serían calumniados, incluso hasta señalados de conspiración para apoderarse del reino de la Nueva España. Según los iberos, los clérigos justificaban sus acciones en "su interés en la conversión de los indios".[8] De igual manera, solicitaron al Rey de España expulsar a los jesuitas del territorio novohispano, por considerer sediciosos a los eclesiásticos de esta orden religiosa, y por la sencilla razón de aspirar a instruir a los indígenas.

El sentimiento católico de protección hacia los naturales se inició desde la llegada de San Felipe de Jesús, el primer santo mexicanizado, sin olvidar a Francisco Maza. El fortalecimiento del culto a la Virgen del Tepeyac contribuyó de manera decisive a la realización del Primer Concilio mexicano, que se celebró en la Ciudad de México entre el 29 de junio y el 7 de noviembre de 1555. Según Motolinia, la virgen morena es declarada en 1737 como gallardete natural, y más tarde considerada la protectora de la Nueva España. Tal acción partió de la ordenanza emitida por el Papa Benedicto XIV. Bernardino de Sahagún (1499-1590), gran conocedor de la cultura y lengua de los nahuas, fue uno de los críticos a la devoción Mariana.

Por lo anterior, no resulta imprudente explicar cómo siglos después algunos generales de Zapata apoyaron la insurrección de los cristeros. Los curas utilizaron su dogmatismo para decirles: "el gobierno quiere matar a

---

un enganchador que emborracha a un grupo de 40 indígenas para usarlos como esquiroles dentro de una transfiguración de tímidos y sumisos a la vez que "temidos".

[8] Motolinia (2007), p. xxv.

diosito". Les colgaban un escapulario al cuello y un fusil al hombro. Tal manipulación era para proteger los intereses de la Iglesia al grito de "agua, tierra, progreso, justicia y libertad. ¡Viva Cristo Rey! ¡Viva la Virgen de Guadalupe!" A través de esta consigna algunos nativos demandaban tierras después de un centenario lapso de desarraigo nacional.

Gregorio Peces Barba cita a Cipriano de Valera, quien transcribió al castellano y publicó, en 1597, la obra: Institución de la religión cristiana de Calvino. Apunta en el prólogo:

> A todos los fieles de la nación española, dedico el trabajo para aquellos que; aún gimen con el yugo de la Inquisición, o sean esparcidos y desterrados por tierras ajenas.[9]

Esa era la represión del clero en contra de sus detractores, tanto al interior de España como en sus colonias ultramarinas. El Vaticano estaba al tanto de la desigualdad del hombre, no la podía impedir, pues ellos no pecan de ignorancia, y están conscientes de que no existe entre los hombres.[10] Aun así, ciertos autores, con referencia a la igualdad, no se atreven a hurgar, tampoco la ven de la misma forma; varios estudiosos la consideran un mero accidente, mientras otros la conciben como sí ésta estuviera guiada por intereses externos; además, hay quienes la exponen desde una mera situación avasalladora de carácter histórico.

La población mexicana, a partir del establecimiento del Virreinato de la Nueva España,[11] nunca logró ser un vehemente defensor de la igualdad, y menos de la libertad. De Tocqueville señaló: "Los hombres que aman apasionadamente la igualdad y la libertad, se lanzan hacia ella con gran esfuerzo súbito". La libertad definida desde la ética aristotélica debe ser "una energía del alma que no tiene obstáculos internos ni impedimentos

---

[9]   Peces- Barba (2005), p. 21.

[10] Con relación a la igualdad, el principio republicano está basado en la justicia social y virtud cívica de quienes son iguales y semejantes: trato igual a iguales y desigual a desiguales en virtud; el aristocrático, que se cifra en la excelencia de los pocos mejores: trato igual a iguales y desigual a desiguales en honor.

[11] El nombre de Nueva España se originó a partir de una observación encabezada por Juan de Grijalva en 1511, para después adoptarla Hernán Cortés y de manera oficial por el Emperador. El célebre Humboldt tiene un ensayo donde dice: El reino de la Nueva España.

externos para desplegarse, de tal suerte que es capaz de llevar el pensamiento y las acciones de cada hombre a su potencial máximo".[12] Esto, en México, no obstante los levantamientos armados, sólo en contadas ocasiones, ha sucedido. De Tocqueville extiende su exposición al decir:

> La igualdad de condiciones hace, del sirviente y del señor, seres nuevos, y establece entre ellos nuevas relaciones [...] En las democracias, los sirvientes no son solamente iguales; pude decirse que ellos son, de alguna manera, los iguales de señores. [13]

Lo anterior es prácticamente imposible que se pueda dar en una sociedad sin clases sociales. Es necesario remontarse al siglo XIX para entender cómo España, al final, realiza el tránsito al Estado Moderno, a través de una forma de gobierno mixta de monarquía en esencia con un velo oligarca. En donde la asamblea Constituyente de Cádiz consideró oportuno representar a una sola clase, y no a la nación. Es precisamente el dinero y la ganancia, la disyuntiva entre la nobleza o una oligarquía cimentada en la acumulación de la riqueza a través de la ganancia. De hecho, en la época isabelina, los judíos fueron mal vistos por este tipo de actividades que ya realizaban dentro de la Península Ibérica a finales del siglo XVIII.

España aún estaba diseminada entre un pequeño número de familias vinculadas entre sí, poseedoras de la tierra donde gobernaba la Corona. En esta época, a diferencia de los demás países de Europa, España transitó de manera tardía al Estado Moderno. Debido a esta coyuntura, la Iglesia Católica tuvo la oportunidad de esparcir su presencia política dentro de las colonias, máxime en México, a pesar de los primeros disturbios de la Independencia pues esta Institución buscaba impedir lo laico, lo cual derivó en uno de los sustentos para fundamentar el proyecto del Estado Moderno inglés del siglo XVI.

---

[12]   Marcos (2011), p.180.

[13]   De Tocqueville (1982) *El antiguo régimen y la revolución* pp. 290-291. Sobre el Marqués de Mirabeau señala: "Lo más curioso al leer las obras del marqués de Mirabeau, es ver cómo se abren paso las ideas que nacen de la igualdad y son producto de la revolución social [...] Nada más singular que esta invención de ideas democráticas en un espíritu feudal".

José Marchena, político español quien se refugió en Francia por ser perseguido por la Inquisición, lanzó desde el país galo un "aviso al pueblo español" para unirse a la Revolución Francesa. Volvió a España en 1808 con el nuevo rey José I Bonaparte, ocupando diversos cargos en su administración, y tuvo que abandonarla de nuevo tras la derrota del ejército francés en la Guerra de Independencia. Después de un segundo exilio en Francia, volvió a España tras el pronunciamiento del general Riego, con la idea de participar en la vida política española, pero la muerte lo sorprendió a los pocos meses de su regreso. Su actividad intelectual abarcó el campo de la economía política. Fue un firme partidario de la Doctrina del Liberalismo y gran admirador de Voltaire y de Rousseau, de quienes tradujo sus obras. Pero jamás contó con la dicha de ser escuchado en su tierra natal.

La enorme sagacidad del clero obligó al Constituyente de Cádiz a tomar en consideración a los indígenas, jornaleros, obreros, oligarcas, señores feudales, criollos y militares. Esa exigencia eclesiástica bien podría haber sido la Constitución de Cádiz: un pliego con principios republicanos, por el hecho de considerar a todas las clases sociales. Sin embargo, no se aprovechó la oportunidad. Se terminó por privilegiar a la nueva oligarquía española, en especial a la terrateniente y comercial. El monopolio, mercantil, lo siguió conservando la Corona, subsistiendo así la mezcla de monarquía en esencia y el velo oligarca, para favorecer la intromisión del clero.

Es necesario reiterar cómo la Iglesia Católica ha recurrido al principio de la igualdad democrática para conquistar adeptos. Ese argumento le permite penetrar en el seno de la autoridad en turno. Una igualdad proporcional, donde la justicia democrática implanta un igualitarismo con la finalidad de nivelar hacia abajo a todos los hombres. Ante esta visión, sus sacerdotes esgrimen el camuflaje entre la población clasista, con el objetivo de estar por encima de la sociedad, utilizando su máscara de benefactores. En México, cuando las relaciones Iglesia-Estado se tornan complicadas, la operación de muchos gobernantes es buscar una postura conciliadora del Estado laico, para, enseguida, enviarla a un recinto oscuro de donde de forma inexorable termina por escaparse. De este modo, las veces que es posible apartar a la Iglesia de la élite rectora, es recurrente la falta de credibilidad del pueblo hacia sus gobernantes laicos, pues estos últimos acaban traicionadolos. Por otro lado, las autoridades, tanto militares como civiles, comúnmente se ven enriquecidas en los momentos cruciales, menospreciando todo el tiempo a los gobernados. Por lo tanto, el pueblo retorna indefectiblemente al refugio eclesiástico.

La corrupción es parte del influjo de los hombres poderosos, quienes irremisiblemente intercambian la acumulación económica con el poder político, siendo desde ahí donde se realiza el vilipendio y la explotación. El México liberado, dentro del primer ciclo político, pertenece al de monarquía representativa, en particular, cuando se promovió poseer la tierra a través del signo oligarca de la propiedad privada. Así, con la riqueza nobiliaria, cambiaron los procedimientos y los deseos de riqueza. Desde ese momento el afán de lujo ya residía en razón de la ganancia, y del consumo sobre la base del gobierno con principios oligarcas, invariablemente en favor de los ricos, pero empobreciendo más a gran parte de la población.

La expulsión de los españoles dio como resultado que se cerraran las minas, sin que los criollos pudieran explotarlas; así, ante tales hechos, se originaron conflictos económicos durante todo este periodo. La desigualdad seguía presente. Se promovió la igualdad desde una posición demagógica, es decir, se le proporcionaba al pueblo esa posibilidad en lo político, mas no en lo económico ni en lo social.[14] De Tocqueville mostraba su enorme preocupación ante la bandera de la igualdad democrática, la cual, se podía desarrollar en el Nuevo Mundo. Reyes Heroles retoma a Tocqueville, quien advierte sobre la perversidad de este modelo democrático no únicamente a los angloamericanos, sino también a los hombres del liberalismo mexicano.[15]

A continuación, estimado lector, entrará a conocer los distintos ciclos políticos por donde ha transitado México gran parte de su devenir histórico. La sentencia es antigua pero aún se puede poner en práctica: "pueblo que desconoce su historia está condenado a repetirse". El deseo del presente libro es mostrar sus constantes repeticiones para de esta forma evitar morir en la esclavitud. Parafraseando a Plutarco dire; Aquí no se escriben historias, sino los ciclos políticos en la vida del pueblo mexicano.

Todas las cosas se repiten cíclicamente: hay un ciclo del nacimiento, otro del transcurrir del tiempo. Al final son las alternativas cíclicas las que tienen un fin moral y político.

---

[14]   De Tocqueville (2001), pp. 35-72. Apunta: "El desarrollo de la igualdad, es un hecho providencial, que escapa a la potestad humana y de todos sus acontecimientos [...] el gusto depravado por la igualdad, que inclina a los débiles a querer atraer a los fuertes a su nivel".

[15]   Reyes Heroles (1994), p. 206

Capítulo II

Ciclos políticos en el siglo XIX

Principio monárquico en España

El presente apartado busca establecer la naturaleza esencial del gobierno monárquico español a inicios del siglo XIX, en donde el rey mostraba ser el órgano supremo de la constitución política española. Bien cabe destacar que tal modelo y estructura política de igual forma eran asimiladas por sus colonias.[16] Los vestigios del antiguo régimen continuaban en España y, por tanto, en México se veía reflejado el mismo atraso ante un mundo moderno de carácter oligarca.

Es necesario considerar la gravitación de los diferentes imperios colonizadores en la política mundial, en particular del modelo

---

[16] La separación de poderes, ingeniosamente elaborada por Montesquieu, es cuestionable. Toda constitución requiere de un Órgano Supremo, depende del tipo de constitución así como del régimen que se trate. Para el caso de los Estados Unidos de América, el poder supremo es el Senado, donde a través del impeachment o juicio político se puede destituir al presidente: en lo referente a que los jueces lo pueden despedir por mala conducta. En México, es el Poder Ejecutivo quien tiene las grandes facultades de un régimen presidencial diferenciado del régimen senatorial de los angloamericanos. La confusión fue la Carta de 1824, donde se asume, sin fundamentos, que ambos países utilizan una forma de gobierno y constituciones similares.

monárquico de la Corona Española, conquistadora de una vasta región de Latinoamérica. En ningún otro periodo de la historia se ha experimentado tal explotación de metales preciosos como la llevada a cabo en Virreinatos del Perú, Río de la Plata y, por supuesto, el de la Nueva España. Earl J. Hamilton, en su diagnóstico sobre el tema, aduce:

> El gran derrame de oro y plata de la Nueva España sobre el continente europeo, precipitó la revolución de los precios, influyendo de forma decisiva en la transformación del Estado Moderno, por lo que materialmente se convulsionó Europa, debido al fenómeno financiero inesperado que se provocó.[17]

La monarquía española, sin embargo, se conformó sólo con el producto de la actividad extractiva, renunciando al lucro vergonzoso tanto industrial como financiero de la nueva cultura oligarca del Estado Moderno. Es así como se generó la sed por el oro en aquella época, la cual ya se enseñoreaba en Europa. El oro lo buscaban los portugueses en las costas africanas, en la India y en todo el Lejano Oriente. El nombre de ese metal precioso era la palabra mágica para impulsar a los españoles a cruzar el Atlántico rumbo a América; el oro preexistía en la mente del blanco, quien de inmediato preguntaba por éste cuando se topaba con una playa recién descubierta.[18]

El error de la monarquía española en este periodo fue pensar que el oro y la plata hacían la riqueza de los pueblos. A la larga, esa idea funesta la llevó al empobrecimiento, debido al menosprecio del trabajo y la reproducción de la riqueza. A finales del siglo XVIII, la Real Hacienda Española ya debía pagar la deuda española a los oligarcas financieros, propietarios de bancos europeos.

La configuración geográfica de la Nueva España parecía no tener límites: al este y al oeste los dos grandes océanos; la enorme expansión territorial era abrupta y accidentada, con enormes cadenas montañosas y ríos poco navegables; las comunidades se encontraban diseminadas. Algunas de ellas con climas nada benignos. Ante tal proporción de terreno,

---

[17] Hamilton (1975), p.9. Según datos del investigador, en 1594 el oro y la plata constituían el 95.62% del cargamento de vuelta a la península; la cochinilla, el 2.82%; pieles, el 1.16%; el índigo, 0.29% y otros artículos, el 0.11%.

[18] Marx/ Engels (1975), p.46

a la Corona no le era sencillo mantener el control en sus colonias, pues tenía zonas inaccesibles, a las cuales sólo ciertas órdenes de religiosos habían conseguido arribar, como por ejemplo a la región de la Alta California.

La monarquía española, con el rey Carlos III, se destacó por ser un gobierno de realeza: cuando estuvo al mando de los destinos de España y sus colonias, se administró en razón de sus súbditos. Siempre en favor del bien común, donde estimuló la educación; fomentó la cultura; la producción agrícola; el comercio e incluso la industria, además de promover la libre comunicación con las colonias de ultramar.[19] El monarca ejerció su autoridad al imponer su propia visión del mundo. El establecer el evento moral religioso, facilitó la legitimación de su señorío. Así también, se instauraron instituciones tendientes a conformar el imperio, permitiendo con esas acciones dar continuidad al proceso de conquista.

En 1808, Napoleón invadió España; ante ello, el rey Fernando VII aceptó retroceder antes que ser derrotado. Los problemas bélicos afrontados por la Corona mermaron el control que ésta tenia de sus dominios. Aprovechando tal circunstancia, los cabildos municipales recobraron su representatividad política, haciéndose intérpretes de los anhelos generales de la Nueva España. Empezó a celebrarse cabildos abiertos a donde asistieron todas las fracciones sociales. Exigieron la supresión de tributos y modificaciones en la estructura socio económica, en especial, en lo correspondiente a los flujos comerciales y giros de capital, los cuales serían aprovechados por la naciente oligarquía anglosajona. Asimismo, participaron en este proceso representantes de todas las clases sociales: los consejeros de real caja de la unión de rentas reales; tesoreros; operarios; artesanos; contadores; diputados de minería; diputados consulares; administradores de rentas; mineros; hacendarios de plata; comerciantes; párrocos; subdelegados; letrados y escribanos.

En la Nueva España, en 1810, se dio un acontecimiento político sobresaliente: la insurrección armada contra la Corona española. Movimiento social de independencia guiado por criollos y mestizos, quienes, consecuentes con su tiempo, deseaban construir una sociedad basada en principios diferentes. Es justo mencionar, por lo menos, a dos mujeres comprometidas con el movimiento armado de 1810. En primer

---

[19]   Rodríguez (1984), pp. 13-14. Desde principios del siglo XVII esta nueva dinastía, de origen francés, había centralizado el gobierno en España, donde los reyes de la Casa de Borbón habían revitalizado las instituciones españolas.

lugar, a María de la Natividad Josefa Ortiz de Domínguez, la cual sirvió de enlace entre los conspiradores. Nació Valladolid ahora Morelia en 1768. Estudió en el Colegio de San Ignacio de Loyola o de las Vizcaínas. En 1791, se casó con el corregidor de Querétaro, el licenciado Miguel Domínguez (por ello el apodo de "La Corregidora").

En 1810 entró en contacto con el cura Miguel Hidalgo y Costilla, así como con el capitán Ignacio María de Allende, para participar en la conspiración en Querétaro. Cuando los realistas descubrieron el lugar donde se guardaban las armas para la sublevación de octubre, ella persuadió a sus compañeros para adelantar el levantamiento insurgente al mes de septiembre. Es aprehendida por las autoridades españolas y recluida en el convento de Santa Catalina de Siena, donde permaneció 3 años. Falleció en la Ciudad de México, el 2 de marzo de 1829, a la edad de sesenta y un años. Sus restos serían enterrados en el convento de Santa Catalina, aunque tiempo después se trasladarían a Querétaro, lugar donde reposan junto con los de su marido, en el panteón de los queretanos ilustres, en un mausoleo construido en su honor en 1847, en el antiguo huerto del convento de la Cruz.

Por otra parte, cabe destacar la participación emancipatoria de María de la Soledad Camila Vicario, mejor conocida como Leona Vicario, quien nació en la Ciudad de México en 1789. Apoyó por diferentes medios la causa insurgente. Actuó de informante sobre los movimientos realistas, para facilitar las acciones de las huestes sublevadas, ofreciendo parte de su fortuna. Descubierta, es recluida por las tropas realistas españolas en el convento de Belén de las mochas, pero alcanzó a huir en 1813. Leona Vicario contrajo matrimonio con el escritor y político Andrés Quintana Roo, a quien conoció por trabajar éste en el despacho de abogados de su tío, don Agustín Pomposo Fernández de San Salvador. Juntos, siguieron a las milicias del máximo dirigente independentista, José María Morelos, con el que vivieron numerosos peligros y penurias. Leona Vicario es hecha prisionera y encarcelada de nueva cuenta por las fuerzas reales en Tejupilco, Hidalgo en 1818. De esta suerte termina confinada junto con su esposo en la región del Estado de México. Ambos residieron en esa ciudad hasta 1820, año en el que regresan a la Ciudad de México. Andrés Quintana Roo insigne independentista y luchador social. Tomó bajo su resguardo al joven Guillermo Prieto, preparandolo para que más tarde defendiera la soberanía del país.

La premisa de los insurgentes era renunciar a la monarquía española, para consolidar la libertad oligarca plasmada en el Estado Moderno, la cual ya campeaba en las colonias de Inglaterra y en gran parte de Europa. El Grito de Independencia fue el primer intento de transición violenta en México. La revuelta sangrienta la condenó la Iglesia Católica, enemiga encarnizada de la rebelión, donde, paradicamente, los dirigentes del movimiento insurgente eran clérigos. A estos adalides finalmente se les excomulgó, además de ser crucificados por el pecado de comportarse, según De Tocqueville, como los puritanos ingleses. Al respecto dice:

> El puritanismo, era casi tanto una teoría política como una doctrina religiosa (...) que si bien está de acuerdo con el desarrollo de la fe cristiana, no olvidan el honor de la patria.[20]

En México, el ímpetu por la independencia no solamente se llevó a cabo en el centro del país, sino que se trasladó hacia todo el territorio mexicano, contagiando incluso a los países de América Central y Sur. Miguel Hidalgo, el 15 de septiembre de 1810, dio el grito libertario para buscar la emancipación. A partir de ese momento, las revueltas violentas ya no se detuvieron. Los gérmenes de perturbación y los levantamientos armados los viviría la población con gran pena, en medio de una larga anarquía, causa de su miseria posterior. Además del fracaso político, económico y social en este siglo. Se dio la apertura de las nuevas redes mercantiles en un país naciente pero ya sobreexplotado.

Mientras esto sucedía en América, el 24 de septiembre, a nueve días del grito de Hidalgo, al otro lado del Océano Atlántico Norte, los constituyentes de la Corona Española y cien diputados, además de un grupo de hombres de las colonias, se reunieron a las nueve de la mañana en la Isla León, muy cerca de la amurallada ciudad de Cádiz, para discutir en torno a las hostilidades perpetradas por las tropas francesas, pues estas ultimas tenian copada la metrópoli española. Es necesario hacer hincapié en las primeras tendencias para buscar la transición política en España, mismas que se encuentran cimentadas en los liberales españoles pertenecientes al rito masón escocés. De estas ideas es donde nace la corriente de pensamiento de cuyo seno abrevarán los mexicanos para iniciar la insurrección; incluso la masonería española, para 1813, ya había creado el Partido Escocés, como una consecuencia de la Carta General de Cádiz.

---

[20]   De Tocqueville, op.cit., p. 59.

A este respecto, Fernando VII concedió su anuencia para ensayar un nuevo documento constitucional, así como para conseguir la negociación pacífica con sus colonias. Un hecho jamás consumado dada la intransigencia de ambos bandos. Como conelato, para otros intereses, era necesario acotar las prerrogativas de los Virreyes, Ministros y "Governadores", dado su enorme posicionamiento dentro de las colonias. Todo el tiempo arropados por ministros del grupo eclesiástico. En particular, porque el prestigio de la Corona ya estaba disminuido en ese periodo, tanto en España, como en gran parte de Europa.

España a inicios del siglo XIX aún mantendría un gobierno con principio monárquico, muy a pesar de la imperante modernidad oligarca de la época, la cual era la divisa en el continente Europeo. La Corona Española, según sus críticos de esencia oligarca, se encontraba en gran atraso, y visibles signos de desastre respecto a lo países Paises Bajos. No obstante, Gran Bretaña dio un giro inesperado a su historia al decapitar, en 1649, al rey Carlos II, para de esa manera darle paso a la esencia oligarca en su constitución. Antes de este suceso, en Inglaterra se había instaurado un gobierno de carácter republicano. David Hume, el filósofo e historiador escocés, señaló en este periodo republicano en Inglaterra: "se restringió la prostitución, las peleas de perros, gallos y osos."[21] De 1688 a 1689, la Gran Bretaña ya había realizado su Revolución Gloriosa, eliminando el llamado ancien régime, para así establecer el imperio de la ganancia oligárquica sobre la base de la Doctrina Económica del Liberalismo. Ésta incluso ya había sido entronizada en las colonias británicas, en particular en la costa atlántica norteamericana.[22]

Es hasta 1789 cuando Francia impulsó el principio oligarca a través de la "Revolución Burguesa"; la insurrección armada orilló al gobierno francés a disolver la Asamblea por la fuerza. El pueblo de París se rebeló tomando la Fortaleza real de La Bastilla, obligando al rey a aceptar la formación de la Asamblea Nacional Constituyente. La revolución campesina se extendió a través del territorio y promovió la Asamblea, y en una única sesión, la cual se extendería toda la noche, del 4 al 5 de agosto, se empeñó en abolir los privilegios feudales, en especial los títulos nobiliarios del viejo régimen. La Asamblea Nacional Constituyente, reunida desde 1789 hasta 1791, restauró la estructura institucional de Francia. Para terminar con la

---

[21]   Hume, (2002), p. 28.
[22]   Weber (2001), p. 156.

presión del problema financiero, se confiscó las propiedades de la Iglesia y se emitió el papel moneda; las autoridades utilizaron las tierras incautadas como fianza. Del mismo modo, se restauró la Iglesia bajo la Constitución Civil del Clero, lo cual suponía la creación de una Iglesia nacional francesa dirigida por el Estado. Conforme a lo anterior, se estableció un nuevo esquema administrativo provincial y judicial, donde se modificó el control de la elección de los oficiales y jueces, poniendo así fin al largo proceso de centralización.

Con la Constitución de 1791 se instituyó el régimen parlamentario con un gobierno de monarquía; un amasijo en donde la asamblea era elegida por sufragio restringido, representando a los ciudadanos los cuales pagaban el impuesto indirecto. La monarquía duró solamente un año. Sin embargo, Luis XVI tampoco estaba dispuesto a desempeñar el papel concedido por la Constitución, y en julio de 1791 intentó huir del país y refugiarse en el extranjero, para, con ello, solicitar el apoyo de las restantes potencias monárquicas, pero es detenido y arrestado. En abril de 1792, la Asamblea declaró la guerra a Austria y Prusia. Las incipientes derrotas recibidas y el temor a ser invadidos por los austriacos y prusianos condujeron la determnación de liberar al monarca para acabar con la revolución. Es así como se facilitó la oportunidad para concluir con el gobierno de monarquía mediante la insurrección popular del 10 de agosto de 1792. En este sentido, se optó por una nueva asamblea constituyente, donde la Convención Nacional utilizó el sufragio universal, en septiembre de 1792, con el fin de instaurar la República francesa.

En la primera década del siglo XIX, comenzó en México la gestación del movimiento de independencia, tomando el ejemplo de la emancipación de las colonias inglesas, pero, en especifico de la Revolución Francesa. Todo ello a través de las ideas propagadas por la masonería en sus dos ritos. No había otra forma de iniciarlo debido al estricto control del Vaticano; ambos pensamientos libertarios los aceptaron la reducida población instruida, llevándolos a cabo junto con los ideales de la Europa brillante y literaria, en donde ya se discutían los derechos del hombre. México había tenido más de 300 años un gobierno virreinal, ejercido por un personero, la mayoría de las veces soberbio; fue un pueblo sometido por la dureza de la representatividad tiránica. Así, primero con la conspiración fraguada por Ignacio Allende, distinguido jefe del movimiento, y después con el Grito de Independencia, enarbolado por criollos y mestizos (donde ambas castas, por desgracia, únicamente llevaron a los indios como carne de cañón), dio inició el levantamiento armado después de tres siglos de vasallaje.

Emilio Rabasa explica cómo los indígenas, además del pueblo empobrecido, no se daban cuenta de su dependencia hacia un monarca extranjero desconocido, y a quien sólo le atribuían la responsabilidad de ser el culpable de todos sus males. Por si fuera poco, sus representantes eran los trasmisibles de nuevas enfermedades y de distintas plagas; en cuanto a las alcabalas, los naturales, para poderlas pagar, vendían sus hijos y sus tierras a los mercaderes. Asimismo, se dio la explotación en las minas y en la edificación de la gran Ciudad de México, en donde murieron miles. De toda aquella realidad extenuante, con ese odio ante las vejaciones perpetradas por los españoles hacia un pueblo mancillado, numerosos mexicanos valerosos y tenaces se sublevaron gracias a la arenga de los conspiradores, guiaron a este aluvión de personas en aras de la independencia, pero con la desgracia de que pocos sabían el significado de las palabras libertad, independencia o insurrección.[23]

Intento gaditano de 1812

Estas son algunas de las razones del porqué la Corona Española agilizó la promulgación de la nueva Constitución. El 19 de marzo de 1812 se publicó el documento, el día de la festividad de San José (de ahí el nombre popular de "La Pepa", bautizada con el mote por los iberos). El ensayo germinó conforme a la nueva legislación, produciendo a la postre el doble pasaje externo. Por un lado, la lucha respecto del dominio francés; y por el otro, la revolución armada en la colonia. En la Carta Magna se pretendió constituir al nuevo Estado español, tomando ahora algunos aspectos de la doctrina del liberalismo moderno, tratando con ello de abandonar el estancamiento sufrido por la monárquia, aún cargada del conservadurismo eclesiástico tradicional. Si se toma el tiempo necesario para leer algunos fragmentos del texto constitucional, la lectura ayudará a despejar cualquier incertidumbre. Con tal transición, se erigió el régimen basado en cierto libertinaje económico. La ganancia frente al derrumbe de las tradiciones

---

[23] Motolinia, op cit, pp. 19 -20. Narra que en las obras construidas por los españoles, sobre todo en las grandes catedrales: "unos eran aplastados por la vigas, otros caían de lo más alto, otros quedaban bajo los edificios, en especial cuando deshicieron los templos mayores de los aztecas. Allí murieron muchos indios y tardaron muchos años hasta arrancar la cepa".

monárquicas representó la posibilidad de instaurar el gobierno de los nuevos y pocos ricos.

La recién creada constitución española también fue el instrumento mediante el cual al Estado de una serie de estatutos con características generales. Es importante comprender no sólo el antecedente de la Corona Española, sino lo que pasaba en Europa, porque, se quiera o no, México es el reflejo de toda esa historia de prórrogas de la monarquía ibera. En la instauración de la Constitución de Cádiz, el pueblo mexicano, dirigido por los ilustrados de ese entonces, trató de alcanzar su emancipación. En España, la transición política se dio en definitiva a consecuencia de los intereses de la clase naciente de principios oligárquicos. Según la teoría política, las formas de gobierno, sean monárquicas, aristócratas o republicanas, también pueden ser administradas a través de los modelos posmodernos de política económica.

Todo ello, sin necesidad de una mudanza política a la forma de gobierno oligarca; no así en la democracia la cual chocaría con el modelo privatizador en favor de unos cuantos ricos. Esto es de acuerdo con los principios de la Doctrina Económica del Liberalismo. Lo descrito con antelación, facilita la pauta para exponer el término de propiedad privada en México, mismo que ha sido todo un problema conceptual a lo largo de toda su historia.

El Constituyente de 1812 de las Cortes de Cádiz estuvo a punto de darle a España una constitución de esencia plutocrática en razón del liberalismo económico descollante en Europa. Pero, al final, no sucedió así, debido a la resistencia de la Corona para abandonar los monopolios comerciales y agrarios. Las barreras comerciales implantadas entre las regiones de España representaron un freno monopolizador, lo cual la llevó de forma irrecusable al fracaso.

Al mismo tiempo, el Vaticano no podía permitirse continuar perdiendo terreno con la Iglesia Anglicana, misma que prosperaba desde la transición oligarca entre los siglos XVI y XVII, desde la instauración del "Estado confederado burgués de los Países Bajos" (Netherlands). Después le tocó el turnoa Inglaterra y sus colonias. Fue el descenso del llamado viejo régimen, y el ascenso de los nuevos oligarcas.[24] Sin duda, el puerto de Cádiz

---

[24]   El nuevo régimen, a partir de los Países Bajos frente a España, se desarrolla por los jugosos negocios que los primeros realizan con el oro y la plata de ésta.

tomaba parte del último bastión de esencia monárquica, para darle paso al comercio privado, en específico a los mercaderes gaditanos.

En 1820, Fernández de Lizardi, al estudiar la Constitución de Cádiz en la Nueva España, asienta que este documento sólo era aprobado "por las clases medias", rechazándolas tanto "las clases ricas como las ínfimas". Su referencia tiene todos los indicios de ser veraz.[25] Empero la clase media ilustrada, dirigida por curas y abogados básicamente, por su gran habilidad, y debido a su influjo ante las clases pobres, hizo a última hora que se aglutinaran.

La Corona Española y su concubina Iglesia Católica, contuvieron la implantación del Estado Moderno, a pesar de su expansivo colonialismo del otro lado del Atlántico. Todo eso fue a merced del proceso de emancipación colonial, en especial, ante la gran inestabilidad política que continuó como el rasgo más destacado de su historia constitucional. Los españoles tampoco deben olvidar las largas interrupciones intolerantes bajo las tiranías de Miguel Primo de Rivera (1923 - 1930), Francisco Franco Bahamonde, de (1936 - 1975). Así lo acreditan las ocho Constituciones promulgadas desde 1812 (las siguientes atañen a 1834, 1837, 1845, 1869, 1876, 1931 y 1978), más otras dos aprobadas y sin tiempo para entrar en vigor, correspondientes a 1856 y 1873. Se trató de varios proyectos que no llegaron a ratificarse, el de Juan Bravo Murillo, de 1852, y el de Primo de Rivera, en 1929, y unas cuantas reformas constitucionales después de un considerable número de ensayos.[26]

El ejemplo español puede ser el exponente del mundo latino, en donde la inestabilidad constitucional es sinónimo de esa oscilación política y económica. La falta de originalidad en los textos constitucionales españoles es comprensible a la hora de advertir el influjo de los diversos modelos políticos de Francia y Bélgica, así como el régimen parlamentario británico, que ha ejercido influencia sobre la península.

---

[25] Reyes Heroles (1985), p.13. Aclaración: estas clases sociales son utilizadas por Lizardi; debió decir: rechazada por la clase aristócrata y la clase campesina, feudal, que serían los siervos.

[26] Peces Barba, op.cit., p. 128. Señala en definitiva, en la época posmoderna, dentro del actual pacto social, que hizo posible la reciente transición política en España, Con la Constitución de 1978, ha llevado a un periodo de paz y progreso a los ciudadanos españoles. Los "etarras" recientemente declararon finalizada su lucha.

La constitución española, junto con su postulado ideológico al detalle, obligó, en consecuencia, a cambiar de sintonía cada vez que se producía una alternancia en el poder político. Es necesario analizar la Constitución de Cádiz respecto a su conexión con México, para entender cuál es la génesis de las transformaciones en ambos países. Gregorio Peces Barba explica:

> Sin embargo, es Fernando VII quien finalmente fue el responsable de acabar con el régimen liberal de la Constitución de Cádiz, en donde se: pretendía destruir o corregir en sus dimensiones más peligrosas al incipiente Estado Moderno y suprimir la ciudadanía limitada de la burguesía.

Entre sus impulsores principales se encontraba el filósofo y jurista Donoso Cortés, De Maestre o De Bonald, entre otros; además de la presencia de la Iglesia Católica desde las encíclicas Mirari Vos (1832) hasta la Libertas (1888), desde Gregorio XVI hasta León XIII.[27]

La Constitución de Cádiz muestra elementos tradicionales de principios monárquicos, mezclados con los del Estado Moderno de carácter oligarca y de libre mercado. En particular, la propiedad privada restringida, así como la estructura organizacional parlamentaria. Con relación a lo anterior, en la actualidad es imposible hablar de las formas de gobierno en la posmodernidad sin referirse a la oligarquía y a su Doctrina Económica del Liberalismo, basada en la ganancia de la clase rica. Significativamente, en todo este asunto, el esquema del régimen parlamentario ha sido el fantasma de México, al encontrar programas y defectos similares a los de España.

Enseguida se revisa la constitución de corte monárquica y sus justificaciones para su transición, en donde la igualdad proporcional representativa, vía electoral, no estaba acorde con la meta inicial, pues el trato correspondiente residía en la desigualdad, donde los eclesiásticos y monárquicos tenían un trato especial. Las Cortes de Cádiz no reparaban en el error: la causa primordial de las revoluciones estriba en ese deseo de igualdad. Sin olvidar los deseos de riqueza y poder de esencia oligarca.

Las Cortes debían estar conformadas por diputados representantes de la soberanía, nombrados por los ciudadanos en la forma siguiente:

---

[27]   Peces Barba, Eusebio Fernández, Rafael de Asís, (2007), pp. 18-19.

- La base para la representación nacional es la misma en ambos hemisferios.
- Esta base es la población compuesta de los naturales que por ambas líneas sean originarios de los dominios españoles y de aquellos que hayan obtenido de las Cortes carta de ciudadano, como también de los comprendidos en el artículo 21.
- Para el cómputo de la población de los dominios europeos servirá el último censo del año 1797, hasta que pueda hacerse otro nuevo, y se formará el correspondiente para el cómputo de la población de los de Ultramar, sirviendo entre tanto los censos más auténticos entre los últimamente formados.
- Por cada 70.000 almas de población, compuesta como queda dicho en el artículo 29, habrá un diputado de Cortes.
- Distribuida la población por las diferentes provincias, si resultase en alguna el exceso de más de 35.000 almas se elegirá un diputado más, como si el número llegase a 70.000, y si el sobrante no excediere de 35.000, no se contará con él.
- Si hubiese alguna provincia cuya población no llegue a 70.000 almas, pero que no baje de 60.000, elegirá por sí un diputado; y si bajare de este número se unirá a la inmediata para completar el de 70.000 requerido. Exceptúese de esta regla la isla de Santo Domingo, que nombrará un diputado cualquiera que sea su población.[28]
- Los ciudadanos que han compuesto la junta se trasladarán a la parroquia, donde se cantará un solemne Te Deum, llevando al elector o electores entre el presidente, los escrutadores y el secretario.[29]

La innovación principal de carácter técnico-administrativo dada al documento de Cádiz fue el Presupuesto, el cual afloró por primera vez en los artículos 341 y 342 de la Constitución de Cádiz, siendo en este modelo financiero donde se consolidó su perfil institucional. En la primera versión no incluía más gasto público, aunque estuvo acompañado por un apartado de contribuciones, para equilibrarlo; pero, después, a la hora de aprobar la primera cuenta pública, al ejercicio correspondiente a 1814, en el siguiente ejercicio ya se integró el ingreso y los gastos del presupuesto. Sin embargo,

---

[28]   Constitución de Cádiz, fotocopias.

[29]   Idem

los especialistas advierten que en las Cortes, así como en la Hacienda, se consideraba más un presupuesto elaborado desde una perspectiva política que de una financier. Mientras tanto, la estructura de la administración pública del México independiente ya se hallaba ordenada en cuatro dependencias: Justicia, Gobernación, Guerra y Hacienda.

Finalmente, la monarquía española, se sustentó todo el tiempo en el interés de la Iglesia. Los procedimientos del sufragio así lo demostraban: las elecciones tenían lugar dentro de los templos eclesiásticos. Así, después de los comicios, seguía la misa, en donde el sacerdote, que había servido en el comité de registro, era el mismo quien sesionaba al final la última etapa de la acción política. Es el restablecimiento de la autoridad monárquica en medio de la norma del Estado español. No hay duda alguna, tanto el gobierno como el pueblo mexicano heredaron las tradiciones regicidas de la metrópoli colonial: ambos actores nunca han comprendido cómo ejercer las acciones políticas administrativas, hoy conocidas como políticas públicas.

El fundamento del Estado Moderno descansa en la ideología sobre la base de la propiedad privada: el dejar hacer y dejar pasar, más aún en la desmesurada importancia atribuida a la ganancia y la acumulación del capital. Todo ello dentro del hedonismo, siempre entregado a la buena vida. Esto lo prometía el tener un gobierno con principio oligarca moderno.

Una de las graves dificultades de España fue la incompetencia e ignorancia de los agricultores, que nunca aceptaron las nuevas reglas de propiedad ni tampoco los adelantos tecnológicos de la revolución industrial. Este era un obstáculo más, aparte del eclesiástico, para el buen desarrollo de la España de esa época.

La Corona y sus injustas regencias en las colonias se ubicaban entre los extremos de las mixturas de gobierno. El fondo era de tiranía con un velo oligarca, principalmente terrateniente y comercial. El monarca monopolizaba la autoridad máxima abiertamente, a diferencia de las monarquías europeas de la época, poseedoras de la entronización jurídica moderna, pues los reyes aceptaban la presencia del Poder Legislativo y también dejaban hacer a los sujetos del Poder Judicial. Un régimen presidencial, pero con el nombre de monarquía. Esto lo proponía Charles-Louis de Montesquieu en su obra El espíritu de las leyes, quien ya había divulgado su visión jurídica respect a la división de poderes. Él decía:

> Cuando el poder supremo en los hombres coincide con la sabiduría y la templanza, entonces cobran existencia las mejores leyes; pero sólo así y no de alguna otra manera.

A principios de 1823, en México, una pléyade de diputados dentro del Congreso intentó delinear el proyecto de país a través de un Acta Constitutiva. Pero antes habían asistido a la Iglesia de la Catedral de México para jurar ante los Santos Evangelios cumplir su encargo. Entre ellos: defender la religión católica. Así, se promulgaron las bases con el propósito de implantar un modelo federativo; posiblemente dicho acto era el primer experimento para proporcionar al país orden en lo político al país a través de una Ley General. De este modo, se pretendió instaurar un modelo republicano, representativo y federal. La esencia republicana, tiene la finalidad de distribuir las magistraturas, además de administrar para todas las clases sociales, sin detrimento ni en favor de ninguna de ellas. Ante tales exigencias, la transición era imposible en este periodo. En particular, el principio monárquico se encontraba en la médula y sentimiento general de los habitantes del territorio mexicano. Monarcas con nombre de presidentes, tal como lo sentenció Simón Bolívar.[30] Ante tal razonamiento, gran parte de este nuevo orden se inspiró en lo pretendido por la Constitución de Cádiz de 1812.

Al instituir el nuevo Congreso, era evidente que los representantes federales no tendrían ningún inconveniente en instalar en: "La nación un gobierno de forma republicana representativa popular y federada".[31] En definitiva, se dio la transición política al abandonar la Constitución de Cádiz, y sirvió para decretar en México el esquema federal, a pesar de la oposición de los centralistas. La Comisión encargada de elaborar este proyecto de nación estuvo integrada por Miguel Ramos Arizpe; Manuel Argüelles; Rafael Mangino; Tomás Vargas y José de Jesús Huerta.

En la nueva Constitución Federal de los Estados Unidos Mexicanos, sancionada por el Congreso General Constituyente el 4 de octubre de 1824, se intentó, respecto a la representatividad, plasmar parte del perfil de la Constitución de los Estados Unidos de América. Sin embargo, el fondo o la esencia de esa Carta Magna angloamericana es de esencia plutocrática, la cual entró en vigor desde 1788.

---

[30] Rabasa, op. cit., p. 51, señala: "En el caso mexicano […] es un país que no podía gobernarse sino por dictadores, lo que caía en lo absurdo, porque no hay leyes para la dictadura, puesto que su esencia es la supremacía del dictador sobre la ley."

[31] Reyes Heroles, op.cit., p. 90.

El régimen presidencial de los Estados Unidos de América está sostenido por la clase adinerada, la cual decidió que el Senado sería el órgano Supremo del Estado. Desde esa fecha, es en esa Cámara es donde se encuentran representados los intereses de los magnates más poderosos de la economía de esa nación. Por tanto, es un régimen senatorial que presidencial. La teoría política muestra cómo; el órgano Supremo del Estado bien puede ser el Poder Legislativo o el Ejecutivo, sin importar el número de integrantes; todo depende de la decisión de la clase social en el poder de ese Estado.[32] Precisamente la clase oligarca angloamericana es quien instituyó el documento de la Constitución escrita a su favor.

Advertido lo anterior, no existe ninguna concordancia con los Constituyentes que habían plasmado la Constitución de 1824 algo parecido a la Constitución de los Estados Unidos de América; con todo, es todavía un manuscrito del cual se continúa asegurando ser una transcripción del modelo constitucional de aquella nación.

El primer periodo de la constitucion escrita para México inició su discusión en 1823. El Congreso Constituyente se establecida el 30 de octubre por mandato del emperador Iturbide. Ahí se discutió la necesidad de salir de la pobreza a partir de préstamos exteriores, pues, bien se sabía en ese momento, que el país estaba en banca rota. Así también se llevó a cabo la primera deuda pública mexicana, aun sin haberse constituido todavía el Estado Mexicano. El préstamo constó de 20 millones de pesos; un empréstito conseguido a través de la casa de bolsa inglesa Stapler y Herring, Richardson y Cia., y autorizado por el Congreso.[33]

El primero de abril de 1824 se aceptó la Constitución Federal de los Estados Unidos Mexicanos. En ella se estableció que se elegiría a los gobernadores y las legislaturas del nuevo estado; además, se les cobraría impuestos con la intención de contribuir y sostener al federal. La cantidad no era fija, variaba según la población y riqueza de cada entidad. El documento constitucional constaba de 171 artículos. Ni en esto tenía semejanza con la de los Estados Unidos, pues esta última contiene únicamente 7 artículos y 27 enmiendas, hasta el día de hoy. Diez de ellas conocidas en 1791 como la Carta de Derechos (Bill of Rights), y

---

[32]   Marcos, (1985), p. 32.

[33]   México a través de los informes presidenciales (1976). Tema: La Hacienda pública.

las restantes serían avaladas entre 1798 y 1992.[34] De Tocqueville no se equivoco al señalar: "Los grandes imperios oligarcas favorecen el desarrollo de la civilización"[35]

Ensayo plutocrático, 1824

En cierto modo, hubo en México un adelanto politico-jurídico con la instauración de la constitución escrita de 1824 respecto al esquema federal, pero, por desgracia, este modelo tampoco se llevó hasta sus últimas consecuencias. Existen varias causas del gran atraso del país, las cuales van desde la docilidad de sus habitantes, hasta el desconocimiento del concepto de propiedad privada, además del centralismo político, económico y cultural. México consumó su independencia en 1821, y a partir de 1824 dejó de ser una colonia para conformarse en república, no obstante, la realidad es otra, diferente a esa aspiración.

El rito masónico yorkino, en base de la doctrina de John Locke, recogía las demandas antimonárquicas y al mismo tiempo impulsaba el federalismo oligárquico. Por otro lado, la cofradía escocesa, más afrancesada por el predominio de Montesquieu y Rousseau, defendía el centralismo. Ambos ritos trataron de conquistar la presidencia a través del proyecto electoral. La zozobra, sin embargo, siempre estuvo presente en esta endeble nación. La inquietud se debía a la religiosidad de la gran población frente a los dos partidos políticos, ambos asociados a las logias masónicas. Al final, la masonería perteneciente al rito escocés terminaría aposentándose en México. De ahí la sapiencia y causa centralista del régimen presidencial mexicano.

La organización constitucional mexicana de 1824 dio como resultado el régimen presidencial, en donde el responsable del Poder Ejecutivo Federal todavía tenía una imagen política débil. La supuesta supremacía absoluta del presidente mexicano quedaba confinada a administrar, y de ningún modo a gobernar. Por lo anterior, en las nuevas entidades se daba de nueva cuenta el célebre: "cúmplase, pero no obedézcase" de la época de la Colonia. En algunas regiones pretendían seguir el mal ejemplo de Texas al

---

[34]   Idem.

[35]   De Tocqueville, op.cit., p. 153.

expresar su deseo de separarse de México; regiones que por siglos habían sufrido el centralismo político a través del modelo monárquico de tiranía. Así, mientras no se pudiera constituir el Estado Mexicano, la letra escrita no garantiza nada, porque los gobiernos no necesariamente avalaban los compromisos de ninguna constitución escrita.

Aun así, con el establecimiento del esquema federal, se le concedió estas facultades a las provincias, ahora ya organizadas en entidades federativas. Limitadas por el interés de la nación, no permitian conformar el Estado Mexicano a pesar de los distintos ensayos, los cuales ya habían mostrado su total ineficacia.

Una transición política siempre representa todo un sumario histórico y político intense. No obstante, el pueblo mexicano en esa época ya llevaba un cuarto de siglo en intentos. Ante tales hechos, no se puede afirmar que dentro del presente periodo constitucional se haya conformado el Estado Mexicano, aseverarlo, sería un gazapo intelectual, pues no puede haber Estado posible sin la conjunción de la riqueza y la libertad, además de poseer una comunidad educada.[36] Afirmar lo contrario nos llevaría a un total menosprecio por la teoría política y la historia de México. Tal pareciera que este país está condenado a no tener un desarrollo permanente.

Asimismo, se debe recordar que en México, durante de esta etapa aún no prevalecía suficiente industria y comercio, por el contrario carecía de oligarcas, sobre todo financieros o banqueros.[37] En virtud de los anterior, la imposición de tiranía irradió con la siempre paternidad eclesiástica, la cual también, invariablemente intentó empantanar el documento constitucional. La Iglesia Católica prolongaba su maniobra sobre el credo de sus habitantes, al imponer el respeto por medio del sometimiento. De acuerdo con su costumbre, el Vaticano dominó el escenario político, social y económico, en donde el representante del Poder Ejecutivo y su administración pública seguían sumisos.

---

[36]   Marcos (2010), p. 380. [Palabra cobardía].

[37]   Mathus es citado por Reyes Heroles, quien señala: "los mexicanos, por naturaleza son inertes, perezosos además de que en México existe una no-disposición a consumir." El mismo Tadeo Ortiz, economista mexicano que se preocupó por el futuro del país en esa época, estuvo de acuerdo. op. Cit., p. 450.

1

José Miguel Ramón Adaucto Fernández y Félix, major conocido como Guadalupe Victoria, fue un militar y político mexicano, una de las figuras más destacadas en la Guerra de Independencia de México frente al imperio español. En 1812 se sumó a las fuerzas insurgentes de Hermenegildo Galeana. Ahí cambió su nombre por el de Guadalupe Victoria, pues según los historiadores, sería consecuencia de su culto a la Virgen morena a la cual se encomendó, y Victoria por el triunfo de la causa idependentista. Estudio leyes y combatió en el ejército insurgente a las órdenes de José María Morelos. Después de la captura y ejecución de Morelos, se retiró a Veracruz para continuar la lucha, lo que resultó desfavorable a pesar de la toma del municipio de Nautla en 1817. Este hecho alentó los planes de Francisco Xavier Mina, quien estaba en comunicación con él. Al ser derrotado en Palmillas, se refugió en las montañas, donde permaneció hasta el triunfo definitivo del Plan de Iguala. De la misma forma, apoyó el pronunciamiento de Antonio López de Santa Anna, en 1822.

Guadalupe Victoria resultó elegido Presidente de la República para el periodo de 1824 a 1829. Durante este tiempo, decretó la abolición de la esclavitud, además de la expulsión de los españoles. Consolidó las relaciones internacionales con Gran Bretaña, Estados Unidos y algunos países de Latinoamérica, como Venezuela y la República de la Gran Colombia. En 1826 envió un representante al Congreso de Panamá, el cual era convocado por Simón Bolívar para tratar asuntos sobre la unión de las nuevas repúblicas. Se esforzó por mantener el equilibrio entre los masones, tanto de rito escocés como yorkino: ambos tenían discordias y desagravios entre ellos.

Guadalupe Victoria alcanzó buenos resultados en su periodo gubernamental. Consiguió rehabilitar las actividades mineras de oro y plata. Ante ello, expidió la ley para renovar su extracción, la cual debía ser ejecutada por los privados. Empero, se le acusaba de proteccionista, por tanto, la mayoría de las leyes serían modificadas: la aduanal, de 1827, recibió la aprobación de ambas cámaras. La recomendación del Ejecutivo sería recurrir a la descentralización, en donde las entidades federales se beneficiaran con la soberanía. Asimismo, trató de impulsar el comercio exterior y restringir la importación. Pero también adquirió empréstitos en Gran Bretaña, a través de las financieras de la Goldshmidt y Cía, con Barclay Harring y Richardson; el dinero fresco le permitía al gobierno cumplir sus compromisos, además, conservar su aparato administrativo e impulsar la infraestructura.

A pesar del esfuerzo, la deuda externa seguía en incremento. Sin embargo, la crisis financiera en Inglaterra llevó a la quiebra a algunos de sus Bancos y a las casas de bolsa de ese país; por su parte, el mercado financiero londinense se hallaba inundado de bonos y acciones de deuda latinoamericana. A consecuencia de lo anterior, los oligarcas financieros obligaron al gobierno inglés para presionar los pagos al representante del régimen mexicano.

Los problemas sociales, causados principalmente por las dificultades económicas, y dada la cercanía de las elecciones de 1828, se convirtieron en el caldo de cultivo para que el alto clero interviniera, e incluso, se confabulara con España para la virtual reconquista de México. El periodo comprendido entre de 1828 y 1829 se daba uno de los problemas más graves en el país. El presidente tuvo problemas tanto internos como externos, hecharía satisfactoriamente la escuadra Española de la conquista. Guadalupe Victoria, ya retirado de la vida política, murió en 1843 en la ciudad de Perote, Veracruz. A pesar de su religiosidad, su visión laica representó una actitud importante, tratando siempre de hacer la separación entre el Estado y la Iglesia, según los vientos de cambio del mundo moderno, justificándola con ideas de progreso y del saber, pero para la realidad mexicana aún era materialmente imposible.

2

En plena incertidumbre política así como por inconvenientes económicos ante la falta de inversiones, Vicente Guerrero llegó a la presidencia en 1829, acompañado por el general Anastasio Bustamante en calidad de vicepresidente; Guerrero había formado parte de la Junta Provisional de gobierno, y pese a ser derrotado en las elecciones por Manuel Gómez Pedraza, usurpó el Poder Ejecutivo. Ello se suscitó gracias al levantamiento de los liberals, conocido como el motín de La Acordada. Al accede a la presidencia, consiguió cierta estabilidad debido al cambio de dirección en la vida política, económica y social, además de controlar las ambiciones del clero. De nueva cuenta aconteció el desorden administrativo, en especial a lo referente a la burocracia y el ejército, pues la tesorería, al carecer de recursos, les atrasó el sueldo.[38]

---

[38] Rives, op. cit., p. 29.

A casi dos décadas del Grito de Independencia, se desataron más problemas, conflictos políticos y religiosos. La Iglesia, que veía la debilidad del gobierno, forzaba para obtener posiciones. La primera República Federal duró hasta fines de 1835, la cual estuvo caracterizada por la inestabilidad, sin dejar de haber levantamientos armados continuos. El general Guadalupe Victoria fue el único en cumplir su mandato constitucional. Sobre la resolución de los asuntos más delicados, la tendencia centralista terminó por imponerse a los federalistas, a pesar de ser derrotados a la postre. El congreso Constituyente de 1836 promulgó la Constitución dentro del periodo donde había descontento por el problema con Texas, y posteriormente con el conflicto armado conocido como "la guerra de los pasteles", contra Francia. Por tales trances, la Ley General nunca entró en vigor.

3

Vicente Guerrero también era militar. Nació en Tixtla, Guerrero, en el seno de una familia campesina. Desde 1810 combatió por la independencia en las filas de José María Morelos. Se distinguió en el combate de Izúcar, en 1812. En el sur del país, derrotó a José de la Peña. A partir de 1816, tras la muerte de Morelos, el ímpetu insurgente decayó y muchos jefes abandonaron la contienda; Guerrero, no obstante, convencido de su famosa frase: "La Patria es primero", se refugió en las montañas de la entidad federal, de la cual actualmente lleva su nombre, para continuar en combate, hasta lograr con el tiempo ser el principal dirigente de la insurrección en el sur. En 1820 se enfrentó al general Agustín de Iturbide, estando en campaña, le invitó a discutir la emancipación del país. A comienzos de 1821, ambos acordaron el denominado Plan de Iguala, y Vicente Guerrero, en ese año, alcanzó el grado de general de división, para después unirse a las fuerzas de Iturbide.

Vicente Guerrero, en tanto responsable del Poder Ejecutivo, se distinguió por su política económica. Respecto al proceso productivo, trató de incentivar el comercio y la manufactura, otorgandole seguridad a los inversionistas, no importando la nacionalidad. En ese momento aún había persecuciones, no únicamente de los hombres de ascendencia española, sino también de algunos criollos propietarios. Asimismo, en la administración de Guerrero, se instrumentaron tarifas arancelarias para contener algunos productos importados: el algodón y artículos textiles. Pero la inferioridad productiva ante la industria europea result ser un dilema sin soluciones fáciles; de ahí la importancia de actualizar tanto al gobierno como a las fábricas de los particulares a pesar de las condiciones políticas, las cuales no lo permitían al cien por ciento. Pero V. Guerrero, no poseía la legitimidad suficiente por la manera de haber conquistado el poder.

Vicente Guerrero enfrentó el intento de España de reconquista, perpetuado ahora por Isidro Barradas. Del mismo modo, rechazó la petición de vender Texas por medio del embajador estadounidense Joel Roberts Poinsett. También defendió el federalismo ante los constantes intentos de los grupos centralistas, los cuales pretendieron inhabilitarle para gobernar. Guerrero se vio benévolo en la acción social, peleó contra los privilegios de la naciente oligarquía terrateniente y la prebendas de los criollos ilustrados, pero finalmente es derrocado por su vicepresidente, el general Anastasio Bustamante, quien, en un ardid, utilizando al ministro de aduana José Antonio Facio y del marino genovés Francisco Picaluga, lo invitaron a comer en el navío El Colombo. Ahí es hecho prisionero y entregado en Huatulco al capitán Miguel González. Condenado a pena de muerte tras un consejo de guerra, sería fusilado el 14 de febrero de 1831 en Cuilápam de Guerrero, Oaxaca. Las deudas a través de préstamos especulativos continuaban siendo la pesadilla. Es importante mencionarlo, pues, en abril de 1831, la deuda externa era de $ 26, 407,000, pero en un año ascendió a $ 34, 329,100 pesos. Los intereses irracionales convenidos en los empréstitos eran criminales[39]. Los mismos usureros particulares locales también llegaron a ser el recurso de las administraciones de la época. Ejemplo de esto es Manuel Lizardi: en junio de 1828 otorgó un préstamo con el 536% de interés anual.[40]

Anastasio Bustamante, después de dirigir el golpe de estado contra Guerrero, asumió la presidencia. El Congreso lo reconoció el primero de enero de 1830. Anastasio Bustamante nació en Jiquilpan, Michoacán. Estudió artes en el seminario de Guadalajara, y medicina en la Ciudad de México. En 1808 se incorporó al Ejército Realista como oficial de caballería a las órdenes de Félix María Calleja del Rey, más tarde sería virrey. Participó en todas las acciones del Ejército del Centro, para después obtener el grado de coronel. Pasados los años, se inclinó en favor del general Agustín de Iturbide. Se adhirió al Plan de Iguala en 1821,

---

[39]   Vázquez, (1987), pp. 773.

[40]   Ibid., p. 774.

ganándose la confianza de los habitantes mexicanos al firmar los Tratados de Córdoba, que consolidarían la Independencia de México.

Después de que Iturbide, en 1822, es proclamado Emperador (pero no únicamente con el sustento de los regimientos de infantería y caballería, sino con el entusiasmo popular del pueblo iletrado) tuvo que enfrentar continuas sublevaciones. Es desterrado en 1833; viajó a Europa y visitó establecimientos médicos y militares en Francia. Al llamado una vez más, luchó en la guerra de Texas, y en 1837 asumió de nuevo la presidencia de la República, jurando compromiso a la nueva Constitución. Bustamante se mantuvo en el Poder Ejecutivo hasta 1841, cuando un triple pronunciamiento militar, en donde participó el general Antonio López de Santa Anna, lo derrocó finalmente. Viajó de nuevo por Europa, y regresó a México en 1845 para ponerse al frente de varias expediciones militares de carácter pacificador. En 1848 se estableció en San Miguel Allende, Guanajuato, donde murió en 1853.

Bustamante, en su gestión presidencial, se rodeó de colaboradores en su mayoría del grupo conservador: Lucas Alamán, en la Secretaría de Relaciones; el coronel José Antonio Facio, en Guerra y Marina; José Ignacio Espinoza, en Justicia y Negocios Eclesiásticos y Rafael Mangino Mendivil, en Hacienda, los cuales, dentro de tanta anarquía del país y sin recursos, hacían esfuerzos por resolver las dificultades que se les presentaban. La población urbana se conformaba por escasos habitantes, la mayoría era del medio rural. El impulso a la industria pretendía continuar de pie, porque Lucas Alamán disfrutaba de buena presencia y de credibilidad suficiente para que era aceptado su proyecto de crear un banco de fomento a la industria, el Banco de Avío, el cual daría créditos para incentivar el desarrollo en esta área de la economía. Resulta infame, pero desde ese siglo la política estuvo encaminada a formar empresarios mexicanos con la idea de instaurar el modelo del liberalismo en México. Ha sido histórico el síndrome adscrito. Sin duda, es un padecimiento crónico en la historia del país.

La exposición de estos eventos demuestra cómo el pueblo mexicano ha sido llevado por un largo vía crucis. Del mismo modo, se debe poner énfasis el mandato unipersonal, donde pareciera que entre mayores facultades tenga el Ejecutivo, más derechos absolutos se forjará. Esas son las enormes prerrogativas regias; entre más precaria y peligrosa sea la situación del país, más se deja sentir la solidez del presidente mexicano.

Al retornar el aspecto histórico, Valentín Gómez Farías era un político mexicano, presidente provisional de la República en los periodos de 1833 a 1834 y de 1846 a 1847. Apoyó el Plan de Casa Mata, en el intento por la instauración de la primera república. Asimismo, ejerció el puesto de ministro de Hacienda con Gómez Pedraza, en 1833. En esta época resultó elegido presidente de la República, el cargo lo asumió provisionalmente en 1833, en la ausencia del presidente Santa Anna, quien estaba en campañas militares. Llevó a cabo reformas radicales: libertad de prensa, la derogación de los fueros y privilegios eclesiásticos. Dirigió la primera Reforma Liberal, en donde proscribió la pena de muerte, instituyó la Dirección de la Instrucción Pública e impulsó la enseñanza. También decretó el establecimiento de la Biblioteca Nacional.

Acorde con lo establecido en el análisis, tampoco se puede dejar de escribir sobre el general Nicolás Bravo. Este destacado adalid fue presidente de México por un lapso de nueve días, en1839. Bravo es iniciado en la masonería, perteneciente al rito escocés, ostentando el más alto grado de esa institución. Diputado constituyente electo; algunos lo consideraban "proespañol", pues en el desarrollo de la guerra de independencia, según sus acusadores: "le otorgó el perdón y la libertad a varios gachupines", a pesar de que los realistas habían asesinado a su padre.

Santa Anna se hallaba como presidente cuando se suscitó la invasión estadounidense. Éste viajó al norte del país para repeler la incursión militar. Ante tal situación, Valentín Gómez Farías volvió a recobrar la vicepresidencia de la República, en 1846, sustituyendo al Ejecutivo hasta el año siguiente. En su mandato cuando se redactó la nueva Constitución, en la cual se refirmaba los privilegios corporativos de la Iglesia y del ejército. Este hecho se le conoce como la Segunda República. José Mariano Salas, sin embargo, siendo presidente, expidió el decreto que restauraba la Constitución de 1824.

Santa Anna combatía en Texas en contra del ejército de los Estados Unidos. En 1847 tuvo que abandonar el campo de batalla debido al triunfo de la sublevación dirigida contra él por parte de los liberales.[41] Es

---

[41] La Batalla de Chapultepec se libró el lunes 13 de septiembre en el cerro del mismo nombre, en las cercanías de la Ciudad de México. El ejército de los Estados Unidos había invadido a la República Mexicana en el episodio conocido como Guerra del 47, so pretexto de violaciones territoriales en la zona de Texas que pertenecía a México desde época de la Colonia. Una parte del ejército estadounidense atacaba por el norte del país y otro contingente estadounidense había desembarcado en el puerto de Veracruz y avanzaba hacia la capital mexicana.

en este periodo, cuando la Iglesia Católica continuó aferrada en impedir el avance de las ideas liberales a través de sus fueros. Los clérigos utilizaron el púlpito para anunciar que los masones liberales del momento pretendían destruir la religión. Esto hizo que la población actuara de forma preocupante y desconfiara de las autoridades ante las políticas de modernidad. Lo anterior es aprovechado por algunos militares, que buscaron y encontraron privilegios para muchos de ellos.

En medio de inconformidades, Valentín Gómez Farías insistió en llevar adelante el proyecto y programa liberal, otorgándole a la Pontificia Universidad de México el espíritu laico. La pretensión radicó en ofrecer la instrucción científica definitiva; se intentó la difusión del saber y la ilustración a través del conocimiento de pensadores como Denis Diderot y Jean le Rond d'Alembert, acompañados por Montesquieu, Voltaire, Rousseau y, en especial Benjamin Constant. Este último, destacado filósofo suizo defensor de las ideas del inglés John Locke; además, sus teorías estaban englobadas bajo la denominación genérica del "sensacionalismo", influyendo a filósofos posteriores.

John Locke, máximo representante de la Doctrina del Liberalismo, escribió muchas obras filosóficas, económicas y políticas, entre ellas destacan: El gobierno civil; Ensayo sobre el entendimiento humano y el Tratado de las sensaciones. En su teoría argumentó nociones del conocimiento humano y respecto a todas las experiencias conscientes, las cuales, según él, derivan únicamente de la percepción proporcionada por los sentidos.[42] Constant, años después, con su teoría de la libertad, consolida la construcción del modelo ideológico moderno, justificando el liberalismo a través del disfrute de los derechos civiles y del imperio de la ley. A su vez esclareció y reafirmó la teoría del conocimiento de Locke, para aceptar la propuesta lockiana de arribar al Estado Moderno. Este suceso inició en 1751, periodo del apogeo de la Ilustración francesa, años antes del inicio de la Revolución Industrial, y una centuria después del fin del Siglo de Oro de la literatura española. Quizás no se puedan comprender las causas de la demora de más de dos siglos para que en México se llegase a instaurar tal doctrina económica, sin aceptar las diferencias entre las escuelas de pensamiento inglesa y francesa. Finalmente, dentro de la modernidad, se rompió el monopolio educativo detentado por el clero,

---

[42]   Locke redactó una Constitución para los colonos de Carolina, en Norteamérica, que nunca llegó a ser aplicada.

creando escuelas públicas independientes adentro del pensamiento no religioso.

El recorrido a través de los Ciclos políticos en la historia del pueblo mexicano lleva a precisar las distintas formas de gobierno y de desgobierno experimentadas en él. Las más de ellas enraizadas en la desigualdad de las clases sociales, pero también en el gobierno de los pocos, con base en la ganancia. Se puede afirmar que algunos gobiernos emergieron ante la intolerancia de los muchos. Es conveniente precisar sobre la presencia hegemónica de la Iglesia Católica, en tanto religión oficial, impuesta por el Sacro Imperio Romano; ésta llegó a España a través de Isabel la Católica, Carlos I y V de Alemania, y de sus sucesores Felipe II y Felipe III. Dicha institución eclesiástica le ha hecho terrible daño histórico a España y a México, en la época colonial y en los siglos venideros. Todo en concordancia con sus intereses económicos. Bien vale la pena aclarar y explicar las conductas opuestas de las dos religiones (la luterana y el catolicismo), al referirse a los cultos de sus doctrinas. Ambas teologías se basan en el dogma religioso pero con intereses diferentes. El sociólogo Max Weber, en su obra la Ética Protestante y el Espíritu del capitalismo, cita a Feuerbach para decir:

> El católico [...] es más tranquilo, dotado de menor impulso adquisitivo, prefiere una vida bien asegurada, incluso a cambio de obtener menos ingresos, a una vida continuamente en peligro y exaltación por la eventual adquisición de honores y riquezas. Si analizamos el refrán: comer bien o dormir tranquilo, vemos que el protestante opta por comer bien, mientras el católico prefiere dormir tranquilo.[43]

Habrá que mencionar cómo el calvinismo consideraba desde entonces el ahora ya famoso: the time is money, del punto de vista oligarca. En donde se discurre: si bien el dinero es fecundo, la ganancia es más provechosa. En efecto, con la visión anterior es factible mostrar la perspectiva contraria acogida en México, donde las órdenes religiosas jugaron un papel determinante para el futuro de México. Es el caso de Fray Bartolomé de

---

[43] Ludwig Andreas Feuerbach fue un filósofo, antropólogo y crítico de la religión. Es considerado el padre intelectual del humanismo ateo contemporáneo, también denominado ateísmo antropológico.

las Casas quien solicitó al rey Felipe II remediar la situación de los naturales, los cuales se encontraban en situaciones precarias, víctimas de abusos y atropellos cometidos por los españoles. Éste, sin embargo, ya había expuesto su testimonio al denunciar cómo con la llegada de los conquistadores se puso fin a la vida pacífica de los pueblos indígenas, con lo cual, pasó a reforzar el concepto de "la leyenda negra española". A continuación, el pequeño fragmento del pensamiento de Fray Bartolomé de las Casas respecto del tema arriba señalado; respetando la escritura original dice:

> Todas estas universas e infinitas gentes a toto genere crió Dios las más simples, sin maldades ni dobleces, obedientísimas y fidelísimas a sus señores naturales y a los cristianos a quien sirven; más humildes, más pacientes, más pacíficas e quietas, sin rencillas ni bollicios, no rijosos, no querulosos, sin rancores, sin odios, sin desear venganzas, que hay en el mundo.

> Así continúa, De la gran tierra firme somos ciertos que nuestros españoles, por sus crueldades y nefandas obras, han despoblado y asolado y que están hoy desiertas, estando llenos de hombres racionales, más de diez reinos mayores que toda España, aunque entre Aragón y Portugal en ellos, y más tierra que hay de Sevilla a Jerusalén dos veces, que son más de dos mil leguas.

> Finaliza señalando, y ésta es una muy notoria e averiguada verdad que todos, aunque sean los tiranos e matadores, la saben e la confiesan: que nunca los indios de todas las Indias hicieron mal alguno a cristianos, antes los tuvieron por venidos del cielo, hasta que, primero, muchas veces hobieron recebido ellos o sus vecinos muchos males, robos, muertes, violencias y vejaciones dellos mesmos.[44]

Lo anterior corresponde al número considerable de golpes de estado. En particular mediante el ejercicio coercitivo del poder eclesiástico, al

---

[44]   De las Casas (1992).

impedir la definición clara de cómo gobernar y administrar. Se puede decir que cuando la opresión llega a establecerse en el seno de un país, perturba; por ello el pueblo debe replegarse. Con el retorno de Santa Anna a la presidencia en abril de 1834, su acción tiraníca dio marcha atrás en todo lo obtenido por las autoridades de principio aristocrático y republicano, mismos que trataban de desarrollar la liberalidad de la riqueza, administrada con una velada esencia oligarca emanada del incipiente liberalismo.

Santa Anna expulsó del país a Valentín Gómez Farías, y con ello suprimió el desarrollo de México. Envió la Circular presidencial sobre los bienes y fincas del clero; la acción estuvo respaldada por el ejército, cuya fuerza activa era un factor real de dominio. Así, los privilegios de los militares estaban garantizados en forma de fueros. El presupuesto gubernamental, en un porcentaje muy alto, se erogaba en sostener a 5 mil soldados y 18 mil oficiales, los cuales materialmente gravitaban dentro de la deuda pública, la cual creció ante la imposibilidad del pago.[45]

El 30 de diciembre de 1836 el Congreso sustituyó la Constitución de 1824 por las denominadas Siete Leyes Constitucionales: con ellas se suprimía el modelo federal para establecer la república central. Dado lo anterior, el Supremo Poder Conservador se constituyó por encima de los tres poderes. Frente a este cuerpo de leyes se restringieron las libertades, aunque privilegiando a los grupos más poderosos de la economía así como a los políticos. La vigencia de estas leyes fue el pretexto de la clase oligarca terrateniente texana para declarar su separación. Más tarde, con este ordenamiento jurídico se organizó la nación mexicana en república centralista.

El pueblo mexicano únicamente era una muchedumbre indiferenciada, casi anónima. La sociología la acredita en tanto "masa social", refiriéndose al avasallador conglomerado de iletrados del momento, los cuales, en gran parte de su historia, no habían podido disfrutar y ejercer sus derechos políticos, a excepción, desde luego, de la clase ilustrada.

Las invasiones extranjeras fueron absurdas, por ejemplo, la cometida por parte de la escuadra francesa, que bloqueo el puerto de Veracruz además de bombardear el castillo de San Juan de Ulúa. Todo por petición del pastelero francés quien demandó ante su gobierno haber sufrido daños a consecuencia de los disturbios internos. Al final, aprovechó esa

---

[45]   Rives, op.cit., p. 63.

coyuntura para obtener ventajas comerciales en México. Como corolario de esa querella, se anunció la guerra contra Francia, conocida de manera trivial como Guerra de los pasteles. Las exigencias injustas aducidas por el pastelero serían concertadas gracias a los oportunos oficios de José María de Bocanegra, secretario de Gobernación y Relaciones Exteriores, y de la mediación de Gran Bretaña, al intervenir y firmar la paz,[46] no sin antes entregar 600 mil pesos al representante de Francia por gastos de guerra. En la la contienda contra la escuadra francesa, mientras en México, ha Ignacio Nepumuceno García Arista lo encarcelaron. En ese combate Santa Anna perdió la pierna izquierda.

Reformismo liberal

En Las Siete Leyes, se estableció la concentración de la máxima autoridad en un solo órgano supremo de carácter unipersonal. El respeto a la propiedad privada se respetaría, excepto cuando se suministrara una orden judicial en contra, siempre y cuando los habitantes se apegaran al culto católico. Lo anterior auspiciado por la presencia del protestantismo, pues todo el tiempo defendió el modelo laico del Estado Moderno. Los encargados del Poder Ejecutivo de de la época, más que cumplir con sus tareas de gobernar, trataban sólo de conservar el dominio político. Las mismas reformas habían causado desorganización e irregularidad en todos los rubros de la economía. Es decir, era más sencillo escribir constituciones de papel, que gobernar o ejecutar mandatos. En esa época las entidades locales no estaban de acuerdo con la centralización política y administrativa.

Pero tampoco los gobiernos de tiranía unipersonal consiguieron aplicar un cimiento sólido en México. En ningún momento pudieron sostener el poder, aun con el uso de la fuerza, por carecer del apoyo de los mexicanos. Los comerciantes y los terratenientes continuaban manejando esquemas económicos y sociales del feudalismo europeo: la tienda de raya, los vales y la moneda. En agosto de 1841, el militar Mariano Paredes y Arrillaga lanzó

---

[46]   José María de Bocanegra, político y escritor mexicano, presidente de la República en 1829. Nació en Aguascalientes; estudió Derecho en el Colegio de San Ildefonso, en la Ciudad de México. Su actividad política la inició a edad madura, siendo elegido diputado, por vez primera, en 1827.

en Jalisco el manifiesto en donde exigió la reforma a la Constitución. Santa Anna, desde Veracruz, apoyó la petición al igual que el general Gabriel Valencia, responsable del cuartel de la Ciudadela en la Ciudad de México.

A partir de la petición de Paredes, entre los tres militares promulgaron un gobierno provisional a través de la ley decretada en Tacubaya, en septiembre de 1841. La ley abolía los poderes supremos. Dicha propuesta de principios tiranos estuvo a las órdenes de los explotadores de la "cosa pública", además de mercaderes, especuladores y militares acaudillados en el poder. Dentro de la ley séptima de las Bases de Tacubaya, se le otorgó la presidencia a Santa Anna y, al mismo tiempo, las facultades para la conducción de la administración pública, la cual maniobró con tremenda deshonestidad e impericia. Por reiterada ocasión, Santa Anna obtuvo constantes préstamos por parte de la Iglesia; impuso onerosas contribuciones principalmente a comerciantes y profesionistas, cobrando impuestos sobre la venta de casas, terrenos, e incluso, por los animales.

La estructura política y jurídica permitió al presidente ser el depositario de enormes prerrogativas para regirse de forma arbitraria. Los poderes legislativo y judicial sólo servían para legalizar la presencia de Santa Anna. El clero junto con los militares estaban enfocados únicamente en facilitar la legalización necesaria. Estas dos instituciones facturaron sus intereses in extremis.

La teoría política demuestra los aspectos poco ostensibles respecto a la tiranía, ya sean de uno, de los pocos o de los muchos; ésta última conjuga lo infame de la plutocracia y la democracia. El principio republicano podría haber dado resultados, pero nunca fue así. La mayoría de las veces se implantó lo más negativo de esas formas de gobernar. Aristóteles señala: "la corrupción de lo mejor es lo peor". Sin duda, la historia ha condenado, con toda razón, la figura del general Santa Anna, un hombre codicioso y sin principios. Un personaje falto de escrúpulos, en donde ni el destierro lo puso en paz; su presencia siempre fue de una intolerancia sin precedentes.

La mayoría de población mexicana se hallaba reducida a la calamidad; los labradores percibían escasa remuneración por sus productos, donde el algodón era un beneficio importante dentro de las manufacturas. En este periodo crítico de la vida en México del siglo XIX, ya se maquilaba de forma fructífera el paño, casimires y demás tejidos de lana, amen de la expansión en la cría del gusano de seda y su producto. Bien señala De Tocqueville: "las sociedades que cuentan con masas ignorantes, son un ejemplo de la servidumbre voluntaria de sus pobladores, la cual es correlativa al nuevo despotismo moral del gobernante en turno".

A esto, habría que agregar la ineptitud del mandatario. Santa Anna es el culpable de haber llevado a México a la declaración de guerra contra los Estados Unidos de América. Su estrechez mental hizo sobrellevar la anarquía a toda la nación. Por dicha razón, las provincias de Texas, Luisiana, entre otras más, decidieron segregarse y unirse federación norteamericana. Fue el incentivo de la propiedad privada el elemento clave para que los pobladores de la frontera se alienaran más a América del Norte que a México. Así también, la tentación de la riqueza, ya acreditada por los aventureros anglosajones dentro de este país a través de los principios de la oligarquía puritana.

Las nuevas rutas del comercio y comunicación hacia el norte guiaron a la oligarquía terrateniente sureña de Estados Unidos a iniciar en todo ese país la transformación política y económica del lucro. Lo anterior llevaría a la adhesión final con dicha nación. El 2 de febrero de 1848 se firmó el Tratado de Guadalupe-Hidalgo. En él se fijaron los límites entre ambos países. En esa fecha, se proclamó la República de California; el presidente Andrew Jackson ya había intentado comprar la bahía de San Francisco a México, mientras la fuerza militar de los Estados Unidos se expresaba diligente por si había necesidad de realizar la invasión a tales tierras. El 7 de julio de 1846, las tropas de Sthephen W. Kearny tomaron Santa Fe, anunciando la anexión de Nuevo México. Ante ello, el gobierno mexicano demostró una total impotencia frente a estos hechos indignos por ambas partes.

En el presente periodo, el gobierno mexicano, enfrentó la posible separación de Yucatán. Una etapa donde México sufrió la escisión alarmante aunque revertida. El riesgo partió desde la frontera sur, en donde igualmente había intereses oligarcas de tipo imperialista. Ahí Inglaterra asumía una posesión importante en sus colonias, como Belice y parte de Honduras. Además, en tierras yucatecas, coexistía la guerra de castas. Con tales acontecimientos, esa entidad bien pudo haber terminado en protectorado de Inglaterra. La guerra, aunada a los problemas políticos de México, simplemente sufrió reveses constantes. La organización política y militar de los Estados Unidos en razón de la ganancia hacía que sus triunfos fueran letales para los mexicanos, pues esto servía para lograr la división entre los mismos habitantes, quienes padecían frecuente incertidumbre. De esta forma, México perdió la mitad de su territorio, y los norteamericanos duplicaron el suyo.

De Tocqueville, basado en los referidos antecedents, no tuvo dificultad en vaticinar un hecho inimaginable, ya que ochenta años después, y a la vista de todas las anexiones territoriales realizadas por dicho país, vislumbró el advenimiento del gran imperio posmoderno: Los Estados Unidos de América.

Los grandes imperios siempre han sido parte importante en las ambiciones del hombre. La tiranía de Santa Anna parecía no tener fin. Su extremada demencia lo hacía ser cada día más intolerante y peligroso; había fracturado en varias ocasiones el rumbo político y social de México. En 1853 expidió La ley de conspiradores, en donde la autoridad exigió el pasaporte a los individuos que se trasladaran en el interior del país. La maldad más grave se suscitó cuando dio la orden de incendiar aquellos pueblos que se sublevaran contra su persona. Ante tales hechos, Juan Álvarez[47] estableció en 1854 el Plan de Ayutla, con el cual fue nombrado presidente interino del país, mientras que para Santa Anna significaría su derrumbe y exilio. Álvarez se hizo acompañar por el general Ignacio Comonfort, nombrandolo Secretario de Guerra; a Melchor Ocampo, en Relaciones; Benito Juárez, en Justicia; Guillermo Prieto, en Hacienda; Lerdo de Tejada, en Fomento y José Guadalupe Martínez en la Secretaría de Estado y Gobernación. Pero cuando los liberales arribaron al poder, se acentuaron sus divergencias, y en menos de un año renunció Melchor Ocampo; más tarde haría lo propio Guillermo Prieto, quien fiel a sus ideas propuso privar a los eclesiásticos del voto político, oponiéndose a ello Comonfort.

Ante tales circunstancias, Benito Juárez ante tales circunstancias promovió amplia discusión hasta lograr aprobar la Ley de Administración de Justicia y Orgánica de los Tribunales de la Federación, destacada como Ley Juárez. Esa ley pretendió poner fin a la jurisdicción de los tribunales eclesiásticos en asuntos civiles. La medida llevó al Vaticano a responder de manera más virulenta; con ello, las rencillas entre Iglesia y Estado se acrecentaron aún más. A razón de tal desavenencia se llevó a cabo la expulsión del Obispo de Puebla Pelagio Antonio de Labastida y Dávalos, abogado y doctor en cánones, además de otros seis eclesiásticos.

El Partido Liberal, al estar al frente del gobierno, condujo a sus integrantes a conseguir ciertos avances para tratar de constituir la

---

[47] Juan Álvarez fue un político y militar nacido en Atoyac, Guerrero en 1790. Pieza fundamental desde el inicio del movimiento insurgente en 1810, hasta la segunda intervención francesa. Ocupó varios cargos, entre ellos, Presidente de la República durante un breve tiempo.

nación. Empero, cuando esos avances no beneficiaban a la Iglesia Católica, ésta intervenía de inmediato para oponerse y presionar las políticas gubernamentales. El clero mexicano tenía a su favor al Partido Conservador, aglutinando a la gran masa rural y, en menor medida, a la urbana. La población mexicana era de aproximadamente 8 millones de habitantes, de los cuales el 80% seguía viviendo en un agro diseminado e incomunicado. Lo anterior hacía que las corrientes oscurantistas y sus defensores tuvieran gran preeminencia. Aun así, los programas de gobierno pudieron avanzar, particularmente en lo jurídico.

Lerdo de Tejada consiguió imponer el Decreto sobre desamortización de fincas rústicas y urbanas que administren como propietarios las corporaciones civiles y eclesiásticas de la República: Ley Lerdo. Además, prohibió a las corporaciones del clero poseer bienes y raíces. Por medio de este precepto, los liberales buscaban destruir la base del dominio económico de la Iglesia Católica mexicana y de la cohesión ancestral con las comunidades indígenas, pues las corporaciones civiles manejadas por el mismo clero, eran propietarias de la mayoría de las tierras dentro de sus límites. Asimismo, se expidió la Ley del Registro Civil, donde se obligó a todos los mexicanos a inscribirse en él, so pena de no poder ejercer sus derechos civiles, o ser multados en caso de desacato.

En lo concerniente a la conceptualización de los liberales mexicanos, preexiste, al igual que en las diferentes constituciones de papel, una confusión respecto al vocablo liberal; tal desconcierto corresponde al menoscabo de las categorías de la teoría política. PO ello, se hace necesario ahondar en el tema de la liberalidad para despejar ciertas inconsistencias conceptuales. La liberalidad es "la virtud entre el dar y recibir". Tal paradigma clásico de la política contrapone al pensamiento moderno quien la trueca. Es un agravio afirmar que el fundamento de los liberales está en la Doctrina Económica del Liberalismo, lo cual es falso. El liberal posee una disposición situada en el justo medio entre los dos vicios opuestos a ella. El pivote de la liberalidad atañe, sin duda, a la libertad, pero no a una libertad cualquiera o general, sino a una específica y con un objetivo particular. La definición de la liberalidad y liberalismo, sustentada del Diccionario de la Democracia, quedaría aclarada de la siguiente forma:

> La liberalidad es la libertad específica del tomar y el dar,
> puesto que concierne a las adquisiciones y las erogaciones,
> los ingresos y gastos, la disposición del hombre respecto del
> dinero.

El autor señala:

quien es libre es liberal y quien es liberal es libre, pues la
libertad y la liberalidad o son completas o no lo son, a
diferencia de lo que pretende Constant, quien concede a
los modernos total libertad privada y cero libertad política,
mientras a los antiguos les asigna total libertad ciudadana
pero ninguna individual.

Más adelante dice:

Al liberal se le reconoce porque toma lo que debe y da lo que
debe, de donde debe, a quien debe, como debe, cuando debe
y así en las circunstancias restantes. Por su parte el avaro
incurre en el error opuesto, toda vez que si padece un tomar
excesivo y una deficiencia en la dación, confunde al liberal
con un pródigo.

Al final expone:

De todo ello resulta que la doctrina del liberalismo del
paradigma moderno, con la que se envuelve y engalana el
principio de la ganancia económica, constituye un disfraz y una
armadura de los ideólogos de los estados ricos de nuestros días.[48]

En el cuadro de liberales prominentes se encuentra: Juan Bautista
Morales; Melchor Ocampo; Ponciano Arriaga; Francisco Zarco; Ignacio
Ramírez; Guillermo Prieto; José María Lafragua; Vicente Riva Palacio;
Sebastián Lerdo de Tejada; Jesús González Ortega; Santos Degollado y
Mariano Escobedo entre otros.

La pregunta es, ¿cuál es la resultante de los diferentes tipos de
autoridad? El mayor riesgo de esos días hubiera sido el gobierno de tiranía,
pues tanto la anarquía como la tiranía son desajustes. Ambos procederes
son fatales. Primero de ellos fue consecuencia de la terrible apatía e
ignorancia de la población mexicana, fruto de trescientos años de ese
colonialismo vetusto; el segundo, corolario de la abulia mental que hizo

---

[48] Marcos (2010), p. 140.

que se facilitaran los desiguales ciclos políticos en México. El resultado siempre representó la opresión de sus habitantes de ahí que no hubo una autoridad duradera.

Las formas de gobierno instauradas, en la mayoría de las veces, partieron de la cerrazón de muchos militares a los cuales nada ni nadie se les oponía, aunque en última instancia se derrumbaran por sus propias falacias. Ante tales experimentos, se puede concluir que resultó más difícil combatir la apatía y la ignorancia, que la anarquía, incluso la tiranía, pues finalmente ésta crea a ambas.

Los desgobiernos de tiranía sean de uno, de pocos o muchos, pueden ejercerse aun en nombre de la ley misma. La gran generalidad de autores posmodernos rehúye a cualquier análisis sobre la esclavitud humana; respecto a la tiranía, han optado por el término "poder" o "despotismo", olvidando la categoría de la teoría política de "autoridad", la cual se encuentra exenta de sus análisis.

En este sentido, en lugar de tiranía utilizan las palabras: "autoritario", "autoritarismo" incluyendo el "antiautoritario, con las que pretenden denunciar al principio politico de tirania. La tiranía se sirve de lo arbitrario, no se puede confundir con la autoridad severa o inflexible, en donde ésta última se ha aprovechado para ejercerse en beneficio de los gobernados, tal como sucedió con Benito Juárez en etapas del México independiente.

Liberalismo mexicano de 1857

Tal vez sea incomprensible, pero, por infortunio, el periodo desde 1824 hasta 1857 se podría encerrar en dos sencillos renglones: fue la ambición personal de hombres codiciosos y sin escrúpulos cuyos actos perjudicaron al pueblo mexicano. Parece inverosímil, pero en este cuarto de siglo más de veinticinco individuos en su mayoría militares, dispusieron en más de una vez del Poder Ejecutivo. Esto es sintomático, pues en el siguiente siglo XX, desde la salida del general Porfirio Díaz, hasta 1940 se repitió la misma historia, al desfilar igual número de hombres por la presidencia.[49] Tal descomposición política del país se antoja infinita, al asumir un presidente por año.

---

[49]   Mijares, (2011) pp. 289.

La conquista del poder se daba en gran parte de las ocasiones a través de cuartelazos y golpes de estado. Las más de las veces se perpetraban sin el apoyo de la población, y mucho menos por parte de la escasa opinión pública. El país independiente seguía sin poseer una propuesta real de constitución. Todas las expuestas con anterioridad eran demasiado complejas no reflejaban el tipo de organización de la sociedad. Si bien las autoridades responsables aspiraban a la estabilidad, comúnmente se quedaron sin ninguna realización efectiva. Al revisar la historia del pueblo mexicano, se puede advertir una colectividad no definida: mezcla de clases sociales que ni siquiera hurgaban en la contradicción, con gobernantes siempre separados de sus gobernados, y sin responder a las necesidades cotidianas. Al mismo tiempo, las entidades federativas eran pequeñas ínsulas tratando de formar una unión, pero repitiendo el mismo esquema centralista.

La vida política y administrativa se hallaba sujeta a una autoridad unipersonal, con diferentes centros de acción, los cuales respondían, por lo regular, una administración, centralizadora de toda acción. De ahí la dificultad histórica para establecer ya no la nación, sino una federación sana. Este problema llega hasta nuestros días. Se puede perecibir fielmente cómo en ciertos intervalos históricos los mexicanos han logrado constituirse y conseguido plasmar una Carta Magna. No obstante, la tendencia siempre estuvo enfocada en concentrar las facultades en el Poder Ejecutivo y, ocasionalmente en el Legislativo. La experiencia apunta que cuando esto no sucede así, todo se convierte en fracaso. La centralización es parte de la condición mexicana, la cual lleva implícita la esfera política, administrativa, económica y cultural. El principio de monarquía es la aceptada por los mexicanos, con las consecuentes molestias para algunos. Lo anterior representa una ventaja para unos cuantos; sin embargo, es una gran desventaja para el país, al no haber tenido presidentes enfocados en gobernar para todas las clases sociales.[50]

En este largo periodo vino enseguida el triunfante movimiento de Ayutla; sin embargo, de ningún modo se pudo erigir el carácter constitucional del Estado Mexicano. Por ello, el asegurar que México se

---

[50]   De Tocqueville, op.cit., p.97. Expone que bajo Luis XIV Francia vivió la más grande centralización gubernamental que pudiera concebirse, puesto que un mismo hombre hacía las leyes generales y tenía el poder de interpretarlas, "El Estado soy yo."

constituyó en estas fechas, es falsificar la historia. Internamente, el Poder Constituyente se reunió en 1856, aunque más con la firme intención de destruir al bando conservador que de instaurar un gobierno capaz de construir un proyecto de nación. El comportamiento era condicionado, de nueva cuenta, por el enorme influjo de la Iglesia, la cual siempre se ha conservado dentro de los asuntos políticos, económicos y sociales. Además, se debe recordar que la Iglesia es una institución dominante en todo el territorio mexicano. Los responsables de los gobiernos nunca han tenido la capacidad para sacudirse la presencia eclesiástica ni la fuerza militar.

El hacer respetar la Carta Magna no fue nada sencillo, mucho menos lograr erigir al Estado Mexicano. Los fundamentos de una constitución con principios oligarcas, lo mismo que la religión, descansan en la ignorancia y la servidumbre de sus frágiles adeptos. Tal vez sea imposible una población ilustrada, lo justo sería demandar una educación ciudadana para acceder a un buen gobierno.

1

Ignacio Comonfort, militar y político mexicano ya con experiencia, ocupó el puesto de presidente sustituto después de renunciar Juan Álvarez. El general Comonfort disfrutaba del antecedente de haberse sumado al movimiento encabezado por Antonio López de Santa Anna, en 1832, posteriormente enfrentaría, repudiando no sólo su política sino su figura. Comonfort fue comandante militar del distrito de Izúcar de Matamoros; diputado del Congreso de la Unión y ministro de Guerra y Marina con el presidente Juan Álvarez. En el desarrollo de su mandato reprimió la revolución de 1856 en Puebla, además, nacionalizó los bienes de manos muertas, promulgando una nueva Constitución.

En 1857, el grupo liberal se conformó en partido político y conservó el poder, una vez fundado el partido, aún se discutía la posibilidad de restaurar la Constitución de 1824. En esa organización política estaba Arizcorreta y Castañeda. El Partido Liberal mantenía la mayoría, por tanto, ellos eligieron al presidente. Quizás haya quienes piensan que en el transcurso de presente periodo crítico la reforma social religiosa se había llevado demasiado lejos, pues, según ellos, tales preceptos lastimaban la conciencia moral del pueblo. Ante este tema, Emilio Rabasa precisó: "Comonfort no era un dirigente que tuviese gran presencia, pues había sido el segundo en jefe militar en la revolución, y no tuvo más propósito que el abatimiento y aspiración de un programa en la creación de un Congreso Constituyente".[51]

Comonfort al año de estar en la presidencia, y tras el pronunciamiento militar en su contra, abandonó el mando y se exilió en los Estados Unidos. Pocos días después de su salida de la silla presidencial bastaron para llevarlo al desprestigio, la deshonra e impopularidad más absurda. Empero, en 1863, al producirse la invasión francesa, Juárez, ya nombrado presidente, aceptó su ofrecimiento de regresar al país para instalarlo al frente del Ejército del Centro, pero por desgracia sería derrotado por los franceses en las proximidades de Puebla. Ello obligó a Juárez a trasladar su gobierno a San Luis Potosí; ahí lo nombró general en jefe del ejército con la firme intención de combatir a los invasores, aunque cayó en una emboscada cerca de Chamacuero, Guanajuato. Según su biografía, murió de una "lanzada" aplicada por el cabecilla Sebastián Aguirre.

La Constitución se promulgó el 11 de marzo de 1857, en medio de un ambiente social frío y de escasa credibilidad. Los artículos emanados de la Carta General no tenían valor, eran simple letra muerta para el pueblo, aún permanecía pasivo e inculto. Así, finalmente los constituyentes, después de diversos debates, lograron implantarla. El propósito consistio en constituirse en una república representativa. Por primera ocasión, se estampó la norma de autonomía y libertad, tanto de las entidades federativas como en los territorios. Prescindió de la Cámara Federal representativa de los Estados, la cual recaía en el Senado. Se estableció un tipo de régimen parlamentario, en donde al Poder Ejecutivo se le restringían facultades para depender del Legislativo. El Congreso se negó otra vez a declarar la tolerancia de cultos, tratando de destituir a la Iglesia Católica de sus funciones dentro del Estado, cometido igual de imprudente y utópico por parte de los liberales dada la fortaleza de sus opositores y del Vaticano.

Existen dos medios para disminuir la fuerza de la autoridad suprema en un Estado. El primero consiste en debilitar a la autoridad en su principio mismo, impidiendo a la población la posibilidad de defenderse al despojarla de sus libertades y garantías civícas. El segundo se da a través de la autodeslegitimación de la misma autoridad. Por experiencia histórica, la centralización ha producido en México efectos diversos. El régimen presidencial, no obstante en su concentración de facultades, ha

---

[51]   Rabasa, op.cit., p. 95.

conseguido en distintas etapas, aunque sin esfuerzos, imprimir una marcha regular del país, principalmente lo referente a mantener a la sociedad más cohesionada.

Con la Carta Magna se pensó en la defensa de las garantías individuales, pero se olvidó en legislar sobre la propiedad de la tierra. En particular, velar por la población desprotegida, como los jornaleros e indígenas. El presidente Comonfort venía gobernando con facultades extraordinarias. En ese momento, noviembre de 1857, es nombrado Presidente Constitucional de la República, empero, ante la imposibilidad de efectuar su mandato sobre la base de la Ley Suprema, nombró a Benito Juárez Secretario de Gobernación, para posteriormente sucederlo en la Presidencia de México. Nueve meses después, el general Félix María Zuloaga se pronunció en contra de la Carta General, dando así inicio la Guerra de Reforma, la cual duró exactamente tres años, de enero de 1858 a enero de 1861 en donde el orden constitucional estuvo en vilo con las consecuencias ya conocidas. En 1861, con el triunfo liberal de Benito Juárez, éste retomó el Plan de Ayutla como una promesa cumplida, y con la victoria sobre Santa Anna finalizaba parte de este ciclo político en la historia del pueblo mexicano.

La autoridad central, por ilustrada y sabia que sea, mientras no tenga una estructura política y administrative adecuada, no puede abarcar por sí sola todos los detalles de la vida de un Estado. Son incontables los mecanismos para hacer funcionar el orden político-administrativo, y con ello evitar tener un resultado incompleto. En especial cuando los gobernantes poseen principios tiranos, no saben delegar autoridad ni tampoco responsabilidad.

Juárez asumió la presidencia provisional de la República el 19 de enero de 1858, para oponerse al pronunciamiento de Félix María Zuloaga. Aunque Juárez emergía como presidente legal, los conservadores ejecutaban acciones de facto a través de las armas. La beligerancia de la Reforma siempre activa y, en particular sangrienta. El vencedor de la Guerra de Reforma era Benito Juárez, acompañado por los liberales, los cuales en 1861 lo apoyaron para la elección de Presidente constitucional. Juárez se arrogó la responsabilidad de concentrar las facultades legales con el proposito de dictar medidas necesarias que condujeran al establecimiento de la nueva ley: el apéndice de las Leyes de Reforma de 1859. Con todo ello, el país continuaba en guerra a medio siglo del inicio del movimiento insurgente. Los grupos conservadores y liberales prolongaban su lucha por conquistar el poder, pero ninguno de los dos obtenía el apoyo de la mayoría de la población mexicana. Los únicos que ostentaban un proyecto de nación eran precisamente los liberales, ellos tenían más claro hacia dónde avanzar; a través de programas definidos en los ramos de justicia; educación; seguridad; hacienda y propiedad, entre otros. En este momento histórico, Juárez expidió la Ley de Nacionalización de Bienes Eclesiásticos, sin pago alguno.

En el conflicto armado, los conservadores impusieron sus condiciones políticas y militares en el centro del país. En tanto, el bando contrario, conducido por Juárez, mantuvo su autoridad inexpugnable al conservar el orden oficial. Pero con todo, el oaxaqueño se vio en la necesidad de trasladarse al Puerto de Veracruz, para desde ahí controlar la región, además de preservar las finanzas públicas al cobrar derechos aduanales. Al mismo tiempo, la facción liberal juarista mostró la intención de aprovechar los bienes de la Iglesia, pero sin despojarla, con el propósito de desarrollar programas sociales. Es hasta inicios de 1861 cuando los liberales obtuvieron el triunfo sobre los conservadores. A partir de ese momento se restableció el orden jurídico, más no el social, pues la población del centro del país continuó desconfiando de los liberales a consecuencia del caos existente en todo el territorio, en especial en lugares donde la economía se encontraba paralizada.

Benito Juárez García resultó electo Presidente Constitucional para un periodo de cuatro años, pero con una administración en plena banca rota. Por tal motivo, expidió la ley para reestructurar la Hacienda Pública. En ella dispuso que todo producto de las rentas de las oficinas recaudadoras del país fuera directo al Gobierno de la Unión. Asimismo, el 16 de julio de 1861 Juárez decretó la suspensión del pago de los intereses por dos años respecto a la deuda pública exterior, en particular la contraída en Londres, Inglaterra. El plazo solicitado debía ser hasta formalizar los bienes nacionalizados así como organizar el erario. Lo anterior resulto un grave error de cálculo por parte de Juárez el dejar de pagar 69 millones de pesos, pues la oligarquías financieras española e inglesa, apuntalada por la francesa a quien también se le adeudaba 2 millones 800 mil pesos, obligaron a sus gobiernos a intervenir en México, para así resarcir los daños recibidos a sus intereses especulativos.

Juárez inició las negociaciones con los representantes de las potencias imperialistas. El enviando de México era Manuel Doblado. Este consiguió persuadir a los delegados para suscribir el Tratado de la Soledad. La Gran Bretaña, con todo y su imperialismo oligarca, aceptó la propuesta. Lo mismo sucedió con España: ambos países retiraron sus tropas;

empero, Napoleón III no solamente no firmó el tratado, sino que decidió la intervención francesa contra México, imponiendo a Maximiliano como emperador. Al llegar el representante de los Habsburgo se comprometió con su monarca para recuperar la deuda y los gastos ejecutados por su traslado. En este sentido, el general francés Elías Federico Forey ocupó la capital de la República. Juárez, ante tal acontecimiento, trasladó su gobierno al interior del país, una tarea difícil y compleja pues debía cargar con los archivos y los símbolos de la legalidad. Así, mientras el emperador Maximiliano llegaba a México, se establecía la regencia provisional tripartita integrada por Juan Nepomuceno Almonte, José Mariano Salas y Juan B. Ormachea.

El archiduque de Austria recibió el nombramiento por parte de Napoleón III (acción secundada por las facciones simpatizantes de la monárquía), y se registró como emperador en 1864, con el nombre de Maximiliano I, archiduque de Austria y emperador de México. Era el hermano menor de Francisco José I, emperador de Austria. Maximiliano almirante de la Armada austriaca y gobernador del territorio de Lombardía-Venecia, en 1863. Napoleón III lo convenció para que aceptara la corona en México; accedió en la creencia de disfrutar del apoyo del pueblo. Él y su esposa Carlota de Bélgica se trasladaron a México en 1864, con el respaldo de las tropas francesas y de los grupos monárquicos. En ese momento se celebró la Junta de Notables, instauradora de la forma de gobierno monárquica. Así, después de un remedo de plebiscito gobernó apuntalado por los conservadores, pero tampoco pudo sustraerse del influjo de Napoleón III.

Maximiliano aplicó su política económica a través de la Doctrina del Liberalismo. De la misma manera, mantuvo vigente la Ley Lerdo y la Ley de Nacionalización de los Bienes Eclesiásticos; centralizó la decisión política para dirigir las acciones del gobierno. En dicho esquema, la autoridad soberana adquiría una fuerza extraordinaria, en especial cuando se añadía la concentración de las acciones oficiales. En la misma estructura organizacional pública, estableció los siguientes 8 ministerios: El Ministerio de la casa Imperial -encargado del protocolo y las cancillerías, entre otros-; Ministerio de Negocios Extranjeros y Marina; Gobernación; Justicia; de Instrucción Pública y Cultos; Fomento; Guerra y el Ministerio de Hacienda.

Si bien el archiduque ostentó una completa organización política y administrativa, nunca obtuvo resultados efectivos para el desarrollo de México, pues no logró hacer patente sus políticas ni proyectos. Por tal razón, tampoco alcanzó a ser reconocido por la reciente oligarquía terrateniente local, menos por militares y liberales. Así, aunque Maximiliano veía con beneplácito al campesinado y pretendía dar un apoyo importante al campo, no pudo disfrutar de la legitimación como máxima autoridad, y menos por parte del pueblo mexicano, que continuaba en la inopia. Llama la atención, respecto de este ciclo, la ausencia de la función administrativa, entendiendo a esta como la parte activa del gobierno en turno. No se observa su ejecución cotidiana, pues la misma gestión de justicia se encontraba oculta. Se lee la carencia de esta actividad, en los momentos en donde la población estuvo despojada de algunos de sus derechos.

Fernando Maximiliano de Habsburgo es capturado por los republicanos en Querétaro; juzgado por un consejo de guerra y fusilado por el Batallón de Nuevo León, el 19 de junio de 1867, junto con Miguel Miramón, Mejía y Márquez, en el Cerro de las Campanas.

La restauración de la República, 1867, se llevó a cabo en el periodo presidencial de Juárez, quien por ley debía de haber finalizado su gestión en 1865; sin embargo, sus facultades extraordinarias le permitieron arribar a esta etapa, siempre aplicando cabalmente el ordenamiento de la ley.[52] El Estado Mexicano no existía formalmente, por ello, Juárez trató de fortalecerlo a través de la norma jurídica. Además, convocó a elecciones para elegir presidente de la República así como diputados y agentes del Poder Judicial. En ese lapso propuso la reforma a la Constitución, donde se establecería de nueva cuenta el Senado de la República, con la voluntad de asentar una representación en las entidades federativas. Todo se hizo con la intención de legitimar en lo posible a la formación del Estado Mexicano.

El triunfo de Juárez fue unánime. Ello le dio la oportunidad de reorganizar su aparato administrativo, financiero y militar, con el cual pudiera llevar al país adelante. Esto finalmente se consiguió con base en una autoridad presidencial enérgica, pero nunca tirana, como algunos de sus detractores lo acusan. La población mexicana aún no estaba preparada para impulsar el progreso. Eso la llevó a padecer graves consecuencias.

En el desarrollo del gobierno juarista, en su segunda etapa, el presidente integró en su administración el programa educativo propuesto

---

[52] Justo Sierra (1902), p. 364, afirma que de lo que se trataba era que la República pasara de la era militar a la industrial; Juárez y sus colaboradores concibieron el único programa posible: reforzar el poder central.

por Gabino Barreda. Su plan descansaba en la premisa de asumir una formación a través de ideas libertarias, buscando establecer el orden social, y con ello, el progreso como fin ineludible. Un propósito de largo alcance, donde el tiempo era su mayor enemigo; antes se debía constituir el Estado Mexicano: el proyecto era a largo plazo. La lucha política en esos momentos todavía no finalizaba, las actividades económicas y el deseo de crear riqueza, menos; no obstante, a pesar de las circunstancias, Juárez resultó reelegido presidente, iniciándose así la restauración de la República, la cual duraría hasta su fallecimiento, en 1872. La historia del pueblo no es plana, no se puede escrutar únicamente desde la visión de las luchas fratricidas, entre grupos, ya sea por codicia o encono de los hombres que aparecen en ella. Por ello, los mexicanos han soportado innumerables padecimientos, cuya causa es su propia barbarie. Tampoco es posible hablar de la educación ciudadana, pues de ningún modo existía, por razones obvias.

En medio de esta situación, ya había visos de participación, mismos que fueron aprovechados por los liberales, pues en la Ley General de 1857 se impuso como obligatorio el voto a todos los varones mayores de 21 años. Además, se estableció el sufragio universal, donde el conjunto de electores no entendía los actos cívicos ni gubernamentales, dando así pie a la manipulación demagógica de carácter democrático. Conforme al juego electoral para elegir al Congreso y al Presidente, Emilio Rabasa lo describe así: "La mayoría desproporcionada del pueblo era, y sigue siendo absolutamente incapaz de entender el mecanismo del voto en su objeto [...] Para que haya elector es preciso en la sección de analfabetos que un agente superior a ellos, obligue a los llamados ciudadanos a concurrir [...] En algunas cabeceras rurales e indígenas el número de perros sabios es mucho mayor que el de ciudadanos conscientes de su derecho."[53] Al respecto, Patricio Marcos, utilizando las herramientas clásicas, señala:

> La pretensión democrática de justicia sostiene que lo justo consiste en tratar igual a iguales y a desiguales. La pretensión oligárquica de justicia sostiene lo opuesto, que lo justo es tratar desigualmente a iguales y a desiguales. Pero sendas nociones son injustas por ser parciales. La justicia democrática por tratar igual a los desiguales, la oligárquica

---

53　Emilio Rabasa, op.cit., p. 127.

por la razón inversa, pues trata desigual a los iguales. Sólo la mixtura perfecta o completa de uno y otro criterio desaparece estas dos injusticias, desaparición a la que le sigue la desaparición de los muy pobres y los muy ricos. Supóngase a un niño y a un hombre maduro. Según la pretensión democrática, ambos deberían ser tratados como iguales, como si los dos fuesen niños o adultos. Algo injusto porque en uno y otro caso al adulto se le daría trato de niño y al niño de adulto. Acorde con la pretensión oligárquica, los dos sujetos del ejemplo deberían ser tratados como desiguales, como si los niños fuesen adultos o viceversa, los adultos niños.[54]

Ante tales circunstancias, los agentes gubernamentales ya no volvieron a molestarse en fastidiar a los analfabetos con la farsa de los comicios; sólo se limitaron a llenar votos y cédulas, levantar actas y formular de todo ello expedientes fraudulentos, enviados a los colegios electorales previstos. En los gobiernos donde se maniobra la igualdad política denominada democracia, el gasto público está dedicado en un alto porcentaje a dilapidar dinero, por tanto, se convierte en un dechado de fiesta pública. Lo anterior sucede de forma principal con una población depolitizada, pues pareciese le gusta regocijarse en el engaño. El mecanismo electoral residía en manos de los gobernadores de las entidades federativas, en donde estos se aprovechaban de su fuerza institucional para operar las elecciones locales. Aunque no lo pareciese, los pobladores también vivía cansado de tantos engaños y desventuras, y lo único deseado era la tranquilidad.

De ese modo, los mestizos así como los criollos se prestaban dócilmente al juego perverso de los partidos políticos. La clase media ilustrada demandaba con urgencia un gobierno legal, firme y seguro. Pero paradojicamente mostraba claro ejemplo de apatía generalizada, evidenciádose dividido, en su totalidad, con políticos sin un proyecto para llevar el bienestar a todas las clases sociales, sobre toda a las desprotegidas.

2

Sebastián Lerdo de Tejada, político y jurista mexicano, desempeñó el cargo de presidente de la República de 1872 a 1876. Nació en Jalapa,

---

[54] Patricio Marcos, op.cit., p. 152.

Veracruz. Se graduó en leyes. Fue fiscal de la Suprema Corte y ministro de Relaciones Exteriores en la administración del presidente Ignacio Comonfort. Diputado del Congreso de la Unión desde 1861 hasta1863, en donde tuteló dicha función en tres ocasiones. En la Intervención Francesa, 1863, se unió a Benito Juárez, siendo integrante de la diputación permanente, ocupando así las carteras de Gobernación y de Justicia. Al momento del triunfo de la República, ocupó a la vez los ministerios de Relaciones y Gobernación. En 1871 fundó el Partido Lerdista y concurrió a las elecciones, pero lo derrotó Juárez. Después de su fracaso, volvió a la Suprema Corte.

Al estallar la rebelión en la Noria y morir Juarez, Lerdo de Tejada ocupó de manera interina la presidencia. En ese momento sería confirmado para tomar posesión de la misma el primero de diciembre de 1872. En vísperas de su investidura, surgió la Revolución de Tuxtepec, en donde Porfirio Díaz acabó siendo el cabecilla triunfador. El derrotado Lerdo en la Batalla de Tecoac, partió al exilio, en enero de 1877, para instalarse en Nueva York, donde residió hasta su muerte. Lerdo de Tejada, debido en parte a su corto ejercicio en la presidencia, logró continuar con algunos propósitos que había dejado Juárez. Aun así, inauguró el ferrocarril de México a Veracruz; apoyó las líneas telegráficas; continuó aplicando una política anticlerical. Además, le concedió estímulos a compañías navieras comerciales, con el objetivo de comunicar los puertos mexicanos.

Desde el levantamiento armado de 1810, pasando por la implantación de la Carta General de Cádiz, hasta mucho antes de conquistar Porfirio Díaz el poder con el triunfo del Plan de Tuxtepec, el país siguió sufriendo una repetición perenne. Porfirio Díaz obtuvo la presidencia por medio de las armas, pero en esta occasion contó con el apoyo de parte de una mayoría del pueblo mexicano. Dando así inició la tiranía de un solo hombre. El inconveniente a lo largo de todo el periodo porfirista, estribó en la imposibilidad de México para gozar de una comunidad política, en donde a través de sus gobernantes consiguieran beneficiar a los gobernados. En conclusión, es el arribo de la oligarquía anglosajona quien modificó toda la geografía política nacional. Con la implantación del principio tirano, se ahogó la alternativa de organizar comunidades capaces de conformar el Estado Mexicano. Esto a pesar de perdurarse por más de treinta años utilizando el mismo arquetipo para dirigir al país.

De acuerdo con la experiencia del presente ciclo político, se hace asequible la comprensión de tiranía, recien establecida en el seno de una población inerte. Tal pareciera efectuarse dentro de un círculo sin escapatoría posible, pues cuando existe tal intento, éste se vuelve más violento, no solamente en lo público sino también en la vida privada.

Capítulo III

Alternativa política en el siglo XX

El gobierno de tiranía, 1884-1911

José de la Cruz Porfirio Díaz Mori continúa siendo el protagonista más discutido en la historia de México. Nació el 15 de septiembre de 1830, en Oaxaca. Los primeros años de su vida fueron ásperos, marcados por numerosas privaciones: a los tres años quedaría huérfano de padre. En su juventud ingresó al Seminario Conciliar de Oaxaca, con la intención de ser sacerdote, pero a última hora se alistó en el ejército en 1846, con la idea de combatir la invasión estadounidense, aunque jamás llegó a luchar en esa guerra mexicano-estadounidense. Díaz impartió clases particulares; uno de sus pupilos era el hijo de Marcos Pérez, magistrado de la Suprema Corte del Estado. Al mismo tiempo, era profesor del Instituto de Artes y Ciencias de Oaxaca.

Estudió Leyes, y su cualidad como político lo demostró en cada acción, en cierta ocasión declaró: "No tengo en política ni amores ni odios". Su única y enorme pasión consistía en poseer el dominio politico, pues ni siquiera lo económico lo movía tanto. Por lo regular manifestó una conducta cargada de exaltaciones. Lo anterior quedó evidenciado cuando arribó como autoridad máxima del país tomando decisiones escalofriantes. En la Guerra de Reforma (1858 a 1861) enfrentó tanto a liberales como a conservadores; incluso apoyó la causa liberal junto a Juárez. Al finalizar el conflicto, ascendió a general de brigade; más tarde, poco antes de luchar contra la invasión francesa, resultó elegido diputado.

La desorganización política y social en México se prolongaba aún más; parecía ser eterna. El pueblo mexicano ya había pasado por terribles prácticas anárquicas, de manera principal, con la desaparición de la soberanía ante los planes expansionistas de las superpotencias, hasta el miedo y apatía de sus habitantes. Ante tales vicisitudes históricas, el general Porfirio Díaz accedió al poder político, el cual siempre se preparó para conservarlo evitando cualquier insurrección. Por tal motivo, implantó disciplina mediante políticas conciliatorias, acciones llevadas hasta sus últimas consecuencias para imponer el orden. Su consigna ideológica, "orden, paz y progreso" formó parte de la bandera ideal porfiriana, dentro del modelo de conquista y conservación del poder. Díaz era un hombre incontinente, mantuvo el dominio en sus manos haciéndose de los medios eficaces para atesorarlo.[55]

El Plan de Tuxtepec es un manifiesto político proclamado el primero de enero de 1876 en San Lucas Ojitlán, distrito de Tuxtepec, Oaxaca. En él, y por medio de las armas, se promulgó la jefatura militar negando el reconocimiento al entonces presidente Sebastián Lerdo de Tejada, se le negó la posibilidad de presentarse a una reelección. En su contenido se reformó el denominado Plan de Palo Blanco, del 21 de marzo, lo cual suponía la implícita legitimación de Porfirio Díaz como presidente. Díaz derrotó a las fuerzas de Lerdo de Tejada en Tecoac, Puebla, el 16 de noviembre de ese año. De esta forma accedió al supremo cargo de México, arrogandose detentar un gobierno de carácter unipersonal. Los desgobiernos no pueden ser eternos, de ser así, los pueblos tenderían a desaparecer. En la historia política mexicana, la ambición por el poder parece extenderse Ad infinitum, mientras el amor por la patria aún se desconoce; siempre fue el incesante apego a adquirir la gloria por parte de individuos con gran apetito por arribar al poder lo que condujo a México al descrédito, aunado a la instauración de gobiernos sustentados en la ilegitimidad. En este país existen grandes riquezas naturales, pero siempre dentro de su miseria social. En realidad, de nada sirve tener un territorio

---

[55] Abundan historias en ambas posiciones, el avasallador gobernante que se aferra al poder, pero también existen ejemplos de hombres que pudiendo ser elegidos por largos periodos como máxima autoridad en sus países, con el gusto de su pueblo, se han retirado de manera honesta por el bien de su Nación. La infidencia o la violación de la confianza y fe al pueblo mexicano por parte de Porfirio Díaz es por lo que la historia lo ha condenado.

con abundancia de recursos, si de manera constante ha sido desbastado por los tiranos.

El gran acierto de Porfirio Díaz en ejercicio de su primera etapa como presidente se debió al comportamiento militar de principio republicano. Al inicio de su mandato asumió una gran apertura hacia las diferentes corrientes de pensamiento y la atención a todas las clases sociales. En su aparato administrativo figuraron distinguidas personalidades, como Sebastián Lerdo de Tejada, e incluso de la corriente desprestigiada del "gonzalismo", llena de estigmas.[56]

Porfirio Díaz obtuvo toda una fortaleza de lealtades al conciliar los intereses políticos y económicos. Todo ello dentro de una política de privilegios otorgada a las oligarquías, con estímulos y concesiones, las cuales sirvieron para consolidar y perpetuarse presidente de México. Ningún tirano puede gobernar a un pueblo contra su voluntad sin privarlo de sus libertades. Por ello, Díaz aseguró su estancia a través de la fuerza militar, policíaca y de las instituciones, con las cuales usurpo el control de las elecciones, y la prensa en particular. El objetivo del velo electoral-democrático descansó en la farsa. Esta la utilizaba para mostrar en el exterior cómo sus habitantes gozaban de un gobierno legitimado y popular.

Díaz, en 1876, todavía realizó una prolongada serie de acciones militares, después de la proclamación del Plan de Tuxtepec. Al mes de su mandato abandonó momentáneamente el cargo y nombró a Juan Méndez de forma interina para combatir a José María Iglesias, que se había erigido presidente de la República en la ciudad de Salamanca. En febrero de 1877, recuperó la jefatura de la entidad de manos de Méndez. Al término del conflicto armado y al haber conquistado el poder, designó generales en el ejército, además de gobernadores en los estados, obligándolos a pagar una cuota fija cada año como parte de la contribución a los privilegios de explotar la gubernatura. El encargado de cobrar dicha canonjía o diezmo era Manuel Romero Rubio, suegro del general Díaz.[57] Porfirio Díaz presentó su programa político-administrativo en los siguientes términos:

> Hoy que la época de la reconstrucción comienza, deber y
> muy sagrado de todos los funcionarios públicos es procurar

---

[56]   Emilio Rabasa, op. cit., p. 102.

[57]   Kenneth (2008), p.87.

realizar a fuerza de probidad, de constancia y patriotismo, esas esperanzas del pueblo. Restablecer por completo el Imperio de la Constitución, afirmar la paz, proteger bajo su benéfico influjo todos los intereses legítimos, para desarrollar los grandes elementos de riqueza del país.

México seguía sufriendo el estancamiento político y social. La Carta Magna de 1857 se extinguía sin pena ni gloria. Hecho habitual en constituciones donde no se refleja la organización de sus habitantes. Son documentos que aunque se saturen de gloria y de bienes, permanecen estériles. Respecto a dicho fenómeno, Alexis de Tocqueville señaló.

> Los habitantes de México, queriendo establecer el sistema federativo, tomaron el modelo y copiaron íntegramente la constitución de los angloamericanos, sus vecinos. Pero al trasladar la letra de la ley, no pudieron trasponer al mismo tiempo el espíritu que la vivifica (...) al presente todavía, México se ve arrastrado sin cesar de la anarquía al despotismo militar y del despotismo militar a la anarquía.[58]

Ante tal escenario, el general Porfirio Díaz, ya siendo autoridad máxima, debió de actuar con rigidez militar para someter a los gobiernos de las entidades federativas. Consiguió esto gracias al modelo de conquista y conservación del poder a través de las armas. Díaz alcanzó la asombrosa conjunción no solamente de militares, sino también de gobernadores y presidentes municipales, los cuales eran sujetos de su confianza, pues él mismo los elegía.[59] Díaz alcanzó cierta pacificación en el país, en donde la población vivía un estado de agotamiento. Se le presentaba a Díaz la

---

[58] Alexis De Tocqueville, op.cit., p. 159.

[59] José López Portillo y Rojas, op. cit., p.336. Expone: "En las entidades hubo gobernadores que cometieron grandes abusos, en algunos estados se establecieron verdaderas dinastías, turnándose el gobierno entre hermanos. Sin embargo, las quejas de la población nunca fueron escuchadas por el Ejecutivo Federal en manos de Díaz. Estos gobernadores solamente obedecían órdenes del amo, como el ejemplo de Veracruz, de odiosas exacciones como "mátalos en caliente" en la que el gobernador Luis Mier y Terán asesinó a un grupo de ciudadanos por órdenes de Díaz".

oportunidad de reconstruir un país todavía fragmentado, por ello su idea de modernizarlo.

La Constitución Mexicana, referente a la reelección, establecía que Porfirio Díaz no podía permanecer en la presidencia en dos mandatos consecutivos. Por tanto, tuvo que renunciar en 1880; no obstante, continuó brevemente en la administración de su sucesor y compadre Manuel González, como Secretario de Fomento. Justo a dos años, Porfirio Díaz le exigió a su compadre reconocer la deuda externa, además de reformar el artículo 78 constitucional para permitirle la reelección y sucederle en el mandato presidencial. La presidencia de González fue sólo un interinato. López Portillo y Rojas escribió: "Díaz fue un hombre quien despertó en el país la avaricia por el lucro, el cual, siempre estuvo rodeado de una camarilla ávida de dinero". Él dio la señal para el asalto de la riqueza a través de todo género de combinaciones y empresas, que originaron una opulencia vertiginosa, así como la corrupción política sin parangón en ese siglo.[60]

En la Convención de la Unión Liberal se llevó a cabo la reelección presidencial de 1892, constituida ex profeso para la reelección de Díaz. Ahí se estableció el acuerdo de formar el partido nacional porfirista, con el objetivo de legitimar primero a Díaz y después a su gobierno. Los intelectuales del grupo selecto fueron: Rosendo Pineda; Emilio Pimentel; Justo Sierra y Pablo Macedo. Ellos prepararon el plan de gobierno; eligieron a Limantour para hacer llegar al presidente Díaz el proyecto. De hecho, este era el primer acercamiento por parte de una generación de jóvenes que aspiraban acceder al campo de la Administración Pública Federal, para, según su propuesta, poseer un "buen gobierno". Tal situación se hubiera dado en el hipotético caso de que el Poder Ejecutivo, en manos de Díaz, hubiese acatado los principios de la Ley General de 1857; acontecimiento de sumo imposible, pues ésta era sencillamente letra muerta. Quizás también con ello se habría podido romper con la tiranía unipersonal.

Díaz estuvo marcado por resultados importantes, sobre todo si se compara con la anarquía de sus antecesores, él demostró durante su mandato, amplia capacidad organizacional: no se interrelacionó exclusivamente con los oligarcas más destacados del país, sino también con las facciones más radicales, pues ambos representaban un riesgo para la

---

[60]   López Portillo y Rojas (1975), p. 261.

paz establecida. Del mismo modo, al clero le dio apertura con el objetivo de mitigar conflictos iniciados desde el tiempo de Gómez Farias.

Para una óptima comprensión del fenómeno expuesto con anterioridad, es necesario distinguir la anarquía de la tiranía. La tiranía se ejerce en nombre de la ley misma, y entonces quizás no pueda ser vista como arbitraria; ésta consigue justificarse por estar en el interés de la población. Entonces, principio de tiranía se sirve de tal arbitrariedad para imponerse legalmente. En cambio, la anarquía no lleva a ningún lado, pues carece de autoridad. Así, en muchas ocasiones, se favorece al tirano. Todo ello permite controlar a gobernadores, diputados y a los funcionarios públicos. Todos estarán siempre en razón del responsable del Poder Ejecutivo, tal como sucedió en el largo periodo de Porfirio Díaz.

En el extenso régimen presidencial de Díaz se realizaron varios eventos sobresalientes. Se construyó el ferrocarril de México a Veracruz; se consumó la escisión del Partido Liberal al presentarse la reelección por su partido. Por otra parte, en 1876 la corriente anticlerical coopto a los intelectuales del momento. El decreto de desamortización de los bienes eclesiásticos dio paso a la nueva oligarquía terrateniente (confinada siempre al lado de Porfirio Díaz). En esa etapa tampoco se trastocaron los intereses privados de la tierra. Del mismo modo, se favoreció exorbitadamente a los oligarcas de las empresas deslindadoras extranjeras y, con ello, a los dueños de las compañías petroleras. Porfirio Díaz, rodeado por hombres leales a su figura personal, nunca vió la posibilidad de ser derrocado en los 30 años al frente del país.

Desde el momento de reconocer el gobierno mexicano la deuda pública, las oligarquías extranjeras realizaron su plan de inversiones. Fue así cómo después de cumplir con el compromiso financiero especulativo, tanto la política como la economía de México se estabilizaron. De ahí el desarrollo sin precedentes experimentado a finales del siglo XIX. La inversión de capital inglés y estadounidense se suministró básicamente en la explotación de los recursos: maderas finas, banano, la industria minera, textil y petrolera. Se construyeron vías férreas y líneas telegráficas; el comercio exterior aumentó aproximadamente en un 300 por ciento.

El lema "poca política y mucha administración", encontró buena acogida en la clase pudiente. El mérito del buen gobierno y la administración pública se debió al conjunto de abogados acreditado bajo la designación de Los Científicos. El calificativo es acuñado por ellos mismos y divulgado por el periódico El Universal, tabloide de la época y órgano informativo de la naciente gremio. En las publicaciones se hacía notar cómo el señor José Yves Limantour Marquet ajustaba los procedimientos científicos en la Secretaría de Hacienda, aplicando las reglas de los esquemas económicos del momento. El modelo administrativo ofrecido a Porfirio Díaz estuvo dirigido a abandonar el empirismo de sus servidores públicos. Esa era la propuesta de los cientificos, y con ese nuevo lenguaje comenzó a posesionarse en lo social y lo económico, donde al final su objetivo consistió en enriquecerse. José López Portillo y Rojas comentó:

> No había dinero para invertirlo en minas, ferrocarriles, terrenos baldíos y fábricas como lo hubo después en el periodo de paz porfirista; por el mismo influjo, de los personajes más prominentes de la política, era punto menos que inútil para el lucro personal. Fue aquella la triste época en que solamente los Shylocks del exterior nos facilitaban dinero con intereses escandalosamente usurarios, y que nos amenazaban constantemente con la intervención para hacernos pagar el ciento por ciento de lo que habíamos recibido.[61]

José Yves Limantour era un economista y político mexicano. Nació en la Ciudad de México. Hijo de Joseph Limantour, rico empresario francés afincado en Acapulco desde la primera mitad del siglo XIX. Tras licenciarse en leyes, pasó a ejercer la docencia universitaria en 1876, impartiendo la asignatura de Economía Política; más tarde, fue catedrático de Derecho Internacional. Desde 1877 asesoró a distintos ministerios, representando a México en las relaciones bilaterales de carácter comercial con Estados Unidos. El 9 de mayo de 1893 es nombrado Secretario de Hacienda por el presidente Porfirio Díaz, cargo que desempeñó hasta la renuncia de éste en mayo de 1911.

De las numerosas medidas que tomó en su mandato, cabe destacar el saneamiento general de la administración financiera pública, sobre todo en el ejercicio de los años 1894 y 1895; alcanzó el primer superávit significativo de la historia hacendaria de México; la reorganización de las instituciones crediticias; la conversión de la deuda extranjera en 1899, o la reforma monetaria que estabilizó el peso mexicano en 1904. Limantour negoció la salida de Porfirio Díaz con las autoriddes de Francia, y, para que éste pudiera exiliarse en ese país, le otorgó la Isla Cliperton, también

---

[61]   López Portillo y Rojas, op. cit., p. 270.

conocida como La Isla de la Pasión, ubicada a mil 280 km del Puerto de Acapulco. México perdió la soberanía sobre ella; no obstante, en 1930, ante los reclamos de de México volvió a ser parte del territorio nacional, pero Francia, a última hora, se apropió de la isla. En 2007 pasó a ser administrada por la Polinesia Francesa.[62]

Pablo Macedo, el hombre fuerte del los cientificos, hijo de un abogado de Jalisco y madre guatemalteca, fue uno de los íntimos amigos de Limantour y quien siempre estuvo a su lado como colaborador. Un personaje que brilló en varios foros internacionales. Dejó su obra en tres monografías: La historia de las Evoluciones Mercantiles, en Comunicaciones y Hacendarias de México.

Era necesario hacer un pequeño bosquejo de algunos de los personajes de este tipo de congregación científica, para dar una idea sobre los responsables de la administración pública porfirista. Además, estos funcionarios públicos llegaron a ejercer suficiente influjo sobre el tirano, al mismo tiempo que es reflexivo saber que ellos mismos eran los apoderados jurídicos de las fuertes compañías oligarcas extranjeras, las cuales llevaron a cabo las operaciones financieras, comerciales, bancarias, mercantiles e industriales de esa época: todas ellas estaban materialmente en sus manos.

En este tiempo los inversionistas extranjeros estuvieron ampliamente cobijados por Los Científicos, los que agotaron en gran parte de la riqueza del país; casi todos los antiguos terrenos comunales de los indígenas pasaron a manos del pequeño cuerpo de terratenientes así como de compañías petroleras, extendiéndose la pobreza y el analfabetismo. Por desgracia, nunca se tuvo el pulso ni la moderación necesarios para encauzar al país, y mucho menos para corregir y frenar los vicios de la corrupción.

Así pues, todo aquel que hoy quiera comprender el fenómeno ocurrido, no puede pasar por alto esta revisión que muestra el carácter del pueblo mexicano y su disposición colectiva; el consenso político nunca estuvo ideado para mejorar al país, sino para sumirlo más en la descomposición.

---

[62] La historia de esta isla es novelesca, pues fue descubierta por un pirata en 1705; anexada a México tras la Independencia; explotada por compañías angloamericanas en la segunda mitad del siglo XIX y principios del XX aprovechando la mayoría del guano. Fue también un reino pequeño donde el monarca se autoproclamó, su nombre era Victoriano Álvarez, el cual violó por meses a las mujeres de ese lugar.

De hecho, la causa primera del rechazo porfirista nació a partir del descontento generalizado hacia estos colaboradores y, por consiguiente, hacia la administración de Porfirio Díaz. Pese a ello, las manifestaciones de descontento social, fueron reprimidas por Díaz con mano de hierro. Él asumía el control federal y local, y además, en las entidades federativas y ayuntamientos, los gobernadores y presidentes municipales, en su mayoría, eran militares. Por ello, algunos políticos no podían elegirse por sí solos sin la aprobación del general Díaz. Del mismo modo, la represión era la constante, como la que padecieron los obreros en 1906 y 1907, en la localidad minera de Cananea, Sonora, así como en la zona industrial veracruzana de Río Blanco. Tras la publicación en Estados Unidos del Programa del Partido Liberal Mexicano y en su Manifiesto a la Nación, en 1906, la organización dirigida por los hermanos Flores Magón se dedicó a preparar el movimiento revolucionario en contra de Porfirio Díaz.

Rolando Cordera, al presentar los indicadores económicos afirma: entre 1877 y 1911 el valor de las exportaciones creció de 32.5 millones de pesos a 281.1 millones, ello dio como resultado un incremento de 864%".[63] La estructura económica obligó a que se implantara dentro de la Secretaria de Fomento el Departamento de Industria, con el objetivo de atender ágilmente los asuntos relacionados con la actividad industrial. Lo asombroso en este periodo fue el gasto público, el cual había aumentado forma exorbitante. El Presupuesto de Egresos entre 1906 y 1909 fue de más de cien millones, cuando de 1871 a 1873 había sido de quince millones de pesos.[64] El principal vicio en la administración pública mexicana ha consiste en dilapidar de los recursos públicos. Realizando gastos superfluos gravados a costa de las mayorías. Además de introducir dependencias y direcciones generales ineficientes en la administración pública.

El acendrado talento de Limantour lo llevó a ser reconocido poner orden en la función pública, pues dejó, al momento de retirarse un tesoro de más de sesenta y tres millones de pesos resguardados en Haciend,

---

[63]   Cordera (1983), p. 17.

[64]   López Portillo y Rojas, Capítulo VII, Limantour, op. cit., En este capítulo el autor cita a Luis de la Rosa quien señala: "No sé si puede decirse con propiedad que haya un sistema de Hacienda en México, e ignoro sí se pueda fijar con seguridad las bases sobre qué tal sistema se hubiera establecido." pp. 279 -281. Mariano Riva Palacio, coincide con De la Rosa, al criticar el problema de ineficiencia en ese rubro.

luego de haber permanecido veinte años en el cargo. Limantour era hijo de franceses, sin una gota de sangre española o mexicana en las venas, pero finalmente optó por la nacionalidad mexicana al cumplir 21 años. Un hombre quien por lo regular tuvo una conducta decente y de amor a México, quizá la lealtad a toda costa a favor de Porfirio Díaz mancha su carrera.

Bernardo Reyes es otro de los actores sustanciales de ese momento histórico. Este gran protagonista nació en Guadalajara; fue hijo del nicaragüense Domingo Reyes, nacionalizado mexicano. Bernardo apenas concluyó su instrucción primaria, sentó plaza en el ejército y combatió contra la invasión francesa. Porfirio Díaz lo nombró jefe de armas en los estados fronterizos del norte; años más tarde lo hizo gobernador de Nuevo León, en donde retomado el espíritu del liberalismo, brindó todo tipo de facilidades a los empresarios, locales y extranjeros, para invertir en Monterrey, capital del estado.

Asimismo, B. Reyes convenció a los grandes capitales de que se establecieran en esta zona norte de México, donde con el tiempo llevaría a erigir descollantes industrias productivas. En aquel momento prosperaron empresas como: Fundición de Hierro y Acero de Monterrey, Cervecería Cuauhtémoc, así como fábricas de vidrio, de hilados y tejidos, entre otras más. Particularmente, la ciudad de Monterrey se convirtió en centro principal del flamante progreso político, económico y social. Una entidad en donde Bernardo supo impulsar el modelo industrial. La intensa vida en Nuevo León hizo circular el dinero con cierta abundancia, creando riqueza sobre la base del desarrollo regional.

El avance económico porfirista, estuvo fudamentado en la inversión extranjera, en particular por el auge de los empréstitos foráneos, obteniendo un superávit engañoso. La explotación del petróleo en la huasteca veracruzana ascendió a millones de galones de oro negro, en donde la empresa S. Pearson & socio de El águila, pagaba apenas simbólicamente el valor de impuesto del timbre. Lo anterior se debió a que Sir Weetman Pearson, después lord Cowdrey, invitó a Porfirio Díaz como socio en la Compañía Mexicana de Petróleo El Águila. Asimismo, la empresa Pearson era propietaria del medio de tranvías eléctricos del Distrito Federal, socio también del Ferrocarril Mexicano del Noroeste.

El inconveniente de haber instaurado el modelo político- económico porfirista condujo a la gran contradicción de las clases sociales del país, pues el esquema de transformación adquirido por Los científicos se sostenía en la explotación de mano de obra, tanto obrera como jornalera.

Por otro lado, los oligarcas extranjeros, así como los hombres de negocios locales, terratenientes y banqueros, tomaron en cuenta el desarrollo a futuro del país, sin importarles las necesidades de los obreros. Además los trabajadores en desacuerdo con el régimen porfirista, ya organizados en sindicatos, emprendieron sus demandas a través de huelgas. Las más conocidas son las de Cananea y Río Blanco. Ante tal situación, Porfirio Díaz reprimió de inmediato toda manifestación de inconformidad por parte de los asalariados. Durante el periodo del conflicto, la tasa de la población rural era del 80%, y la mitad de ellos fueron encadenados a las grandes haciendas. Todo esto hizo que las movilizaciones no tuvieran el peso suficiente para conseguir el avance de la clase obrera y la campesina.

Porfirio Díaz sofocó las demandas sociales, ello obstaculizó entrar en una etapa de relativa paz y de estabilidad política, económica y social. Sin duda, una mixtura tirana con esencia oligarca fue la forma de gobierno porfiriana, de la cual se aprovechó la oligarquía trasnacional para expandirse por medio de inversiones dirigidas en especial a ferrocarriles, electricidad, petróleo, tranvías y explotación del campo mexicano. De manera especial al llamado oro verde, con la exportación de productos agrícolas, en específico frutales y madera fina.

Se ejercieron acciones públicas basadas en la doctrina del liberalismo, un "dejar hacer y dejar pasar", en donde se contemplaba el soporte gubernamental, con incentivos que iban desde extensiones fiscales y subsidios, hasta conversiones de capital en los recursos del país, entre otros. Hubo créditos por parte de los bancos extranjeros. Los préstamos sirvieron para la modernización y para favorecer los intereses económicos privados, incluyendo el intercambio comercial a todas luces desigual, en particular con los Estados Unidos de América, Francia, Inglaterra y Alemania. Esta era la tendencia indisoluble en México, donde se concentró el dominió de un solo hombre, que representó tan sólo a esa oligarquía externa, abandonando a las mayorías.

El modelo porfirista se dedicó a guardar el "orden y el progreso". En este sentido, Díaz contrató a hombres rústicos para formar policías rurales, justificándolas vía propaganda, para darle a la sociedad mexicana una visión de "seguridad y orden". Por otro lado, la estructura política era de carácter militar, donde los secretarios de Estado, directores y funcionarios menores eran manipulados al arbitrio del presidente. Todo de acuerdo con sus facultades, no únicamente constitucionales, sino también las que Díaz de manera personal se arrogaba. Él era quien decidía la política interna y externa; dictaba las órdenes necesarias conforme a los logros del aparato gubernamental, impulsando las vías de comunicación en diversas localidades, mercados internos, enclaves mineros, petroleros y haciendas.

La explotación de la mano de obra (obtenida ésta a consecuencia de la desamortización de la propiedad agraria), por parte de las empresas transnacionales, todas ellas protegidas por el esquema plutocrático porfirista, fue lo que significó la introducción de mejores procedimientos para la exportación del oro; la plata; hierro; plomo; zinc; antimonio; grafito y cobre: una minería que había sido ya asaltada por los españoles. Ahora, lo mismo se hacía con los energéticos del país. Lo anterior dio como resultado la imposibilidad de que las entidades federativas tuvieran la autonomía deseada. Especialmente los municipios, los cuales materialmente se ahogaron en la adversidad, pues estaban vetados en la captación fiscal, sobreviviendo sólo a través del presupuesto fijado por el Poder Federal.

Expuesta la tesis anterior, es necesario revisar los datos sobre cómo se conformaba la población mexicana en ese period; según Silva Herzog:

> Hacendados y rancheros, conservaban 97% de tierra censada. Pequeños propietarios 2% y los pueblos 1%. Para 1910 existían 5,932 haciendas y 32, 557 ranchos. 40% del área del país estaba repartida en media docena de latifundios. Asimismo, el 90% de las aldeas indígenas de la meseta central no poseía ninguna tierra comunal.[65]

La gran actividad comercial y agrícola produjo la necesidad de extender el aparato burocrático. Díaz como único responsable de la administración pública, la organizó de la siguiente forma: Relaciones Exteriores; Gobernación; Justicia e Instrucción Pública; De Fomento; Comunicaciones y Obras Públicas; Hacienda y Crédito Público, De Guerra y Marina. El desarrollo de las acciones privadas le permitió a la oligarquía comercial, industrial y financiera, su amplia participación en todas las actividades. Uno de los efectos del crecimiento privado estribó en abuso despiadado de la mano de obra, pues las condiciones de trabajo estaban determinadas por la oferta y la demanda, por la inexistencia de reglamentación laboral.

La oligarquía externa y mexicana, en especial la terrateniente, le celebraba a Díaz aquello de "poca política y mucha administración".

---

[65]   Silva Herzog (1970), p. 16.

Ante este panorama la autoridad gubernamental de esta época dejó a los funcionarios públicos más libres en comparación con otros periodos de su mandato. Además se dispuso un considerable número de medidas administrativas, entre ellas, la instauración de organismos e instituciones públicos con funciones específicas: los institutos de Bacteriología, Antirrábico; Observatorio Meteorológico; Banco del Monte de Piedad; Lotería para la Beneficencia Pública; Escuelas para Invidentes, de Artes y Oficios; de Agricultura; Normal de Profesores; Universidad Nacional de México; Bellas Artes; Conservatorio de Música, entre otras más.

El avance de la política económica porfirista, se concretó gracias a que convinieron la inversión privada y pública. Por tal motivo, el diagnóstico muestra cierto progreso en materia financiera y cultural, a pesar de la corrupción con que se redujo el patrimonio nacional. Por lo anterior, tampoco se puede soslayar la carencia de acciones asistenciales. Ello trasladó al pueblo mexicano a cargar con la adversidad del hambre. Asimismo, siempre estuvo latente el menoscabo hacia las normas contractuales para evitar la explotación de la mano de obra, bajo mecanismos extraeconómicos de coerción, no únicamente en las fábricas, sino también en el agro donde los jornaleros eran tratados como esclavos en las haciendas.

El plan de Porfirio Díaz para industrializar al país agravó el escenario de las clases desprotegidas al establecer relaciones de producción, con base en la explotación de la mano de obra, las cuales terminaron en constantes conflictos. Ejemplo de ello fueron las largas jornadas de trabajo; salarios bajos; el abuso de mano de obra infantil y ambientes insalubres. Ante tales circunstancias, la indolencia porfirista la explotación resultó total. La respuesta de los obreros y jornaleros no podía tardar, pero el grueso de la población Mexicana aún carecía de educación, por tanto, el problema se mantuvo inamovible, pues la ignorancia ciudadana lleva al individuo a la indigencia.

La reflexión expuesta por autores mexicanos y por extranjeros es sin duda la descripción exacta de la actitud de sus habitantes, no hacen el menor intento para salir de su condición miserable. La mayoría de las veces sobresale un número pequeño de anhelantes inconformes en busca de dar un viraje en el devenir de la historia. Pero, por desfortuna, de forma invariable propenden hacia la ambición.

El descontento estaba latente en la clase obrera y campesina; un malestar imposible de manifestar de manera fehaciente dada la constante represión. En buena parte del siglo XIX, y todavía después de la primera centuria de la vida independiente de México, el ejercicio incansable llevó a procurar la expedición de planes, proclamas y constituciones escritas encaminadas a constituir una paz y progreso duraderos. Sin embargo, dichos intentos evidenciaron con creces su incapacidad para obtener anhelado fin.

La misma carencia de normas claras en la política gubernamental favoreció a la oligarquía transnacional, particularmente la petrolera, la cual adquiría enormes extensiones de tierra para continuar explorando los pozos fecundos. A última hora, llegó la autodeslegitimación de Porfirio Díaz. Ese sería el toque de queda para abandonar la presidencia de la República, un hombre que había sido comparado con el emperador Julio César.

Un testimonio para demostrar el genio de Porfirio Díaz puede observarse en los ascensos militares. La promoción dependía con frecuencia de la amistad o capricho del gran tirano oaxaqueño. Esto era injusto para aquellos que no contaban con los favores del general, todos ellos veían cómo oficinistas se elevaban a generales. Así, amigos e hijos de éstos llegaban a coroneles, en tanto, gran parte de los militares de carrera estaban confinados a los grados inferiores. Bajo su mando imperó la odiosa leva, la cual sirvió para cubrir las plazas vacantes de los soldados en el ejército. Dicho procedimiento era realmente inhumano, pues los mismos jefes políticos inferiores, aprehendían a los vagos o borrachines y los consignaban al servicio de las armas.

El mando porfirista, tal como ocurre con los gobiernos con principios militares, apeló al menosprecio de la ley e incluso a lo preestablecido. Ese era el resultado de la disciplina ejercida con severidad para castigar a sus detractores. Los principios militares no se caracterizan por la forma que asumen pues no es necesario tener al frente un militar para mostrar su estructura castrense. El mismo Díaz, al final de su vida, dejó el uniforme de general y se vistió de frac. Eso no demuestra ser un gobierno civil o dejar de tener una organización política de principios militares.[66]

Porfirio Díaz se convirtió en el nuevo Tlatoani, quien desde el Castillo de Chapultepec, cercado de ahuehuetes, vivió rodeado de hombres incondicionales, con espías por todos lados: régimen de tipo oriental donde los métodos utilizados así lo demostraron en cada momento. Evidencias hay de sobra, una de ellas corresponde a la persecución sufrida por la población

---

[66] Mario Raúl Mijares, Veracruz: Laboratorio de un proyecto civil. El gobierno de Miguel Alemán Valdés 1936 a 1939. Tesis Doctoral, FCPyS, UNAM.

del norte del país cuando se ordenó redadas para enviar a los hombres capturados al Valle Nacional; una región mortífera del sur de México de donde pocos retornaban. Así se frenó cruentamente toda inconformidad social. Las huelgas de Cananea y Río Blanco también habían sido reprimidas a sangre y fuego. Uno de los diferentes métodos de castigo consistía en el destierro de hombres al Valle Nacional, en donde eran vendidos como esclavos para realizar trabajos forzados en las plantaciones tropicales.

John K. Turner, en su obra México Bárbaro, proveyó toda una descripción del lugar: enclavado entre las montañas del noroeste de Oaxaca, su fauna albergaba desde jaguares, pumas hasta enormes serpientes que rondaban los caminos de herradura. En esa región había treinta grandes haciendas, todas ellas propiedad de extranjeros, con extensos sembradíos de tabaco, henequén; café, cacao, hule, chicle, además de minas y caucho entre otros. Familias enteras sufrían los martirios de la explotación, el destierro y el abandono. En los casos donde algún cautivo quisiera escapar, la persecución estaba en las manos de los denominados "cazadores de esclavos".

Bruno Traven, connotado novelista angloamericano, tuvo el mérito de ambientar sus grandes obras en el marco de la época porfirista, como La Rebelión de los colgados, donde expuso la vida de las fincas de la región chiapaneca. Asimismo, en la novela La Rosa Blanca, el autor describió los graves problemas del petróleo en la huasteca veracruzana. La aterradora conclusión es constatar la tiranía de Porfirio Díaz; jamás quiso a su pueblo, nunca le dolió su adversidad.[67]

En la historia de otros Estados la forma de gobierno de tiranía no ha conseguido perdurar. Sin embargo, cuando se observa el devenir de México, entonces se percibe un contorno diferente, y hasta contradictorio: tal pareciese que es la tiranía la única forma aceptada por sus habitantes. Montesquieu describe en el siglo XVII en sus textos de cómo de manera histórica las poblaciones turcas, nunca han participado en la elección de los gobernantes, y menos en la toma de decisiones políticas y comerciales.

---

[67] La teoría política señala que el tirano es la corrupción del hombre de realeza, pues la corrupción de lo mejor es lo peor. Hubo en Atenas en 560 a 527 a.c., la tiranía de Pisístrato, general y político quien supuso prosperidad en Atenas, redujo los impuestos, concedió tierras y recursos a los ciudadanos más pobres. Que nada tiene que ver con la tiranía porfiriana.

No obstante, éstas realizaron grandes empresas. Lo más sorprendente del gobierno porfirista fueron sus efectos políticos y administrativos de carácter unipersonal, pues este mismo diseño sería retomado en el siglo XX por los gobernantes en turno, lográndose con ello que Institución Presidencial fuera el organo supremo. El principio monárquico de tiranía germinó desde el periodo precolombino y aún continúa vigente.

En pueblos con la naturaleza del mexicano se obedece más al hombre que a la ley. Su historia, creencias, tradiciones, usos y costumbres, lo conduce a olvidarse de que sea factible una forma de gobierno distinta. La prosperidad general de la nación obedece al prototipo de autoridad, cuando esto no sucede, sus habitantes tienden a minimizar el problema. Lo anterior contiene un sentimiento poco comprendido. Se trata de un tipo de egoísmo excasamente estudiado, pues en el ejemplo mexicano, ¿cómo impugnar la tiranía en donde la población no está unida por el interés común? De ahí la tendencia de concentrar todas lasfacultades en manos del Ejecutivo, quien a su vez representa directamente a ese conjunto de individuos confundidos en un todo compuesto.

Porfirio Díaz implantó como base del control político las zonas militares diseminadas por todas las entidades federativas, las cuales funcionan hoy día. El dilema era el poder dual, el militar y del gobernador. José López Portillo y Rojas escribe al respecto: "Hubo Estados donde se establecieron verdaderas dinastías, turnándose el poder entre hermanos [...] en las casillas electorales salían mayoría de votos siempre a favor de los mismos candidatos. Todo ello coludido con la fuerza militar de la zona."[68]

Ante tal situación, el modelo federalista sólo estaba en el papel; esa concentración de poder dañó de forma significativa la buena marcha de algunas entidades. Un modelo en donde numerosos gobernadores y presidentes municipales, terminaron siendo abandonados a su suerte. Nunca consiguieron allegarse las participaciones tributarias del petróleo; ferrocarriles; de las explotaciones de madera; hule y chicle. Incluso de la industria bananera, donde la National Fruit exportaba sus productos sin tomar en cuenta a las autoridades locales.

En las entidades de la federación, el poder ejecutivo local estaba ahí, colocado en apariencia, maniatado, pues era un instrumento pasivo, entregado a las decisiones del presidente de la República. En diversas

---

[68]   López-Portillo y Rojas, op.cit., p. 337.

ocasiones los hombres fueron los mismos aún con el juego electoral. La pregunta es: ¿De dónde los gobernadores podrían tomar su fuerza? Cuando en realidad eran elegidos por el mismo presidente, y a los cuales también los podía remover a su antojo, por tanto, se encontraban reducidos a la impotencia.

En México era imposible afirmar que se contara con un esquema federal, sino, más bien, era un país nacional incompleto. Cuando se analizó la constitución de papel de este ciclo político, se observó con sorpresa cómo los tres poderes conferidos en la Carta queretana las ignoró el presidente Díaz, por lo tanto, pudo subsistir tal modelo debido a la excesiva debilidad de los gobiernos locales. La siguiente pregunta sería: ¿Qué principio político existía en ese largo periodo de Porfirio Díaz? Correspondía a una de caracter tirano. En donde no necesitaba ceñirse la corona, para aceptar el principio monárquico tiránico, lo cual, ahí queda para el análisis del lector.

En alguna ocasión Los Científicos, reunidos con algunos intelectuales, apuntaron que carta de 57 era demasiado amplia para México sumido en el atraso, y donde lo único positivo habían sido las Leyes de Reforma. El documento general no fijaba la forma de gobierno en México, tampoco establecía las atribuciones de los funcionarios públicos, y menos, sus deberes y responsabilidades. El menosprecio de Los Científicos respecto a la Constitución política, también muestra el terrible desdeño de Porfirio Díaz por el documento, aprovechándose así para gobernar y administrar de forma unipersonal.[69] En 1906 los hermanos Ricardo y Enrique Flores Magón, políticos y activistas periodistas originarios en Oaxaca y de padres de sangre indígena, ambos figuras integras en la lucha buscaron ejercer una serie de reivindicaciones para la clase obrera y campesina. Tras la publicación en Estados Unidos del Programa del Partido Liberal Mexicano y su Manifiesto a la Nación, era la primera advertencia para derribar a Porfirio Díaz.

---

[69] Francisco Bulnes, respecto a la Constitución Política de 1857, decía que fue escrita por honrados y patriotas mexicanos, quienes creyeron que estaban interpretando la voluntad del pueblo real, pero más bien era uno imaginario. Sus sueños, llevados al delirio por la teoría extranjera, dieron como resultado que se extraviara un pueblo mexicano iletrado, incapaz de entender la significación de los derechos, y menos aún la de las libertades.

La oligarquia terrateniente.

En México, la reelección del presidente de la República siempre ha producido desazón. Esta práctica parece a primera vista ser la constante de su razón política. En el siglo XIX mexicano, las elecciones sin control dieron como consecuencia la perversión de tipo personal, la avaricia por enriquecerse, en lugar de vislumbrar un proyecto de país a largo plazo. Por tanto, los responsables de la administración pública porfirista se aprovechaban de cualquier coyuntura para acceder a sus propósitos. Para ello, fueron capaces de pasar sobre las circunstancias de la nación en el momento que se encontraban en dificultad; sin embargo, en muchas ocasiones los habitantes del país pueden consentir la reelección, si la autoridad máxima demuestra suficiente capacidad política. Empero, ésta llega a ser peligrosa únicamente cuando el interés personal o de grupo sustituye al interés general.

Precisamente, ante la consuetudinaria reinserción de Díaz en la vida política nacional se suscitó la idea y el reclamo de algunos oligarcas terratenientes, en particular los del norte y centro del país, capitaneados por Francisco I. Madero. Tal señalamiento forzaría la declaración del general Porfirio Díaz para no seguir más en la presidencia. Tal hecho produjo la movilización maderista de protestas iniciada el 5 de junio de 1910. Poco después, el movimiento era acogido por los vecinos de la ciudad de Monterrey, para después ser trasladado a San Luis Potosí. Esa manifestación de inconformidad sirvió para dejar ver el enorme agujero político, económico y social propiciado en el gobierno tirano de Díaz.

El disentimiento encabezado por Madero, en particular después de su huida de la cárcel, ocasionó el reacomodo de los nuevos grupos opositores hasta establecer el Plan de San Luis. Documento en donde se emitió que se considerasen nulas las recientes elecciones, y además se declaraba en contra de la reelección. En ese sufragio, la Cámara de Diputados ya había reconocido la victoria de Díaz. Para el periodo de 1910 a 1916 lo acompañaría en la vicepresidencia Ramón Corral; aun así, a gran parte de la población ya le irritaba la figura de Díaz, quien había extendido su presencia por tres décadas.

La corriente maderista respetó de forma inocente las reglas de la constitución política de 1857. De ahí la alternancia en la presidencia, la cual se dio legalmente, en donde el Secretario de Relaciones Exteriores, Francisco León de la Barra, aceptó el interinato de la presidencia.

Posteriormente, Madero se eligió de forma institucional, todo ello a través del Plan de San Luis.

Francisco I. Madero asumió la presidencia por vía electoral y legal el 6 de noviembre. El triunfo vertiginoso de Madero impidió ahondar en el levantamiento armado. Había nuevo presidente después de más de treinta años. Madero trató de gobernar con la misma estructura política y militar porfirista, e inclusive nombró al general Victoriano Huerta comandante de la plaza y general en jefe de las fuerzas del gobierno. En el Poder Legislativo y Judicial se mantenían los mismos hombres de lealtad porfirista, pero principalmente, la inmensa red de intereses privados de la oligarquía externa que aún dominaba: ferrocarriles, bancos, petróleo, lo agrícola entre otros rubros de la economía conjuntamente con los terratenientes autóctonos. Todo esto se daba en medio del descontento general, en especial por la debilidad demostrada por Madero, quien después del formidable control político de Díaz, a él sólo lo veían como un pequeño presidente civil.

Emiliano Zapata en base al Plan de Ayala demandó la restitución de tierras a los individuos desposeídos de las mismas, pertenecientes a la región de Morelos. La respuesta maderista fue de rechazo a tal solicitud acompañada de represión. Ante este suceso, Madero perdió el apoyo de los jornaleros. Esa fue la causa para iniciar los problemas políticos y sociales, los cuales permanecieron latentes hasta después de su muerte.

El proyecto oligarca de Madero era muy endeble, pues no tomó en consideración a la clase obrera y campesina, pero tampoco a la militar, afianzando su aspiración únicamente con la facción adinerada, en particular la terrateniente. En febrero de 1913 dio inicio la Decena Trágica. En tal acción criminal murió primero el general Bernardo Reyes, frente al Palacio Nacional, mientras que los generales Mondragón y Félix Díaz se refugiaron en la Ciudadela. Victoriano Huerta traicionó a Madero, para después tutelar el gobierno. Madero terminaría siendo apresado y asesinado junto con Pino Suárez, el vicepresidente. Así, el general Victoriano Huerta asumió el control militar del país. Al mismo tiempo, la Cámara de Diputados se vio sometida para dar paso a la renuncia de Madero y Pino Suarez. El Congreso nombró presidente interino a Pedro Lascuráin, Secretario de Relaciones Exteriores. Él mismo otorgó la designación a Victoriano Huerta para ejercer el cargo de Secretario de Gobernación, para que, media hora más tarde, con toda legalidad, ocuparía de inmediato la Presidencia de la República Mexicana.

El presidente Madero en ningún momento tuvo el respaldo militar ni social debido a su incapacidad para modificar la estructura política y economía del país. Nunca escogió a nuevos colaboradores; admitió el mismo mando military. Tampoco cabía esperar todo de él, y menos de su tan sonada revolución. No es un mito denunciar que Madero fue presa fácil de la oligarquía terrateniente, así como de los propietarios de la industria foránea, sobre todo de quienes se sentían amenazados en sus intereses. De hecho, ellos mismos a la postre se expresaron de Madero como un presidente impotente para restablecer el orden y la paz, por tanto, también lo abandonaron a su suerte. Todo lo anterior fungió de antecedente para ser asesinado por las huestes de Victoriano Huerta y Félix Díaz. Tales acciones estuvieron respaldadas con el beneplácito de Washington.

Victoriano Huerta era un hombre de extracción indígena; nació en Colotlán, Jalisco. Estudió en la Academia Militar de Chapultepec; sirvió para el ejército mexicano. Con el paso del tiempo sería ascendido a general de brigada s manos del presidente Porfirio Díaz, en 1902. Huerta combatió a los zapatistas en el estado de Morelos; permaneció en el ejército en el gobierno de Francisco I. Madero, el cual lo nombró jefe militar de la Ciudad de México. En febrero de 1913, en el transcurso de los incidentes de la Decena Trágica, Victoriano Huerta trató con Henry Lane Wilson, embajador estadounidense en México (Wilson se uniría a la sublevación contra Madero). La llegada a la presidencia de Victoriano Huerta estuvo envuelta en complicadas maniobras políticas, particularmente diplomáticas, en las que intervino decisivamente el embajador. La primera declaración de Huerta a la opinión pública radicó en su deseo por restablecer la paz en la nación. Sin embargo, en este periodo, Francisco Villa, con sus seguidores, se había levantado en el norte del país, ya en plena efervescencia revolucionaria.

En México, los demonios de la anarquía se habían despertado; inherente reaparecía la humillación infligida al pueblo mexicano por años, además de la arrogancia del tirano. Se estableció de nueva cuenta la tiranía con la estructura militar. Victoriano Huerta asumió facultades extraordinarias. A través de decretos, primero privó del fuero constitucional a los representantes de la XXVI Legislatura, poniendolos a disposición de la jurisdicción en los tribunales. Igualmente, se atribuyó facultades en los ramos de Gobernación, Hacienda y Guerra. Por ultimo ordenó disolver el Congreso por considerarlo "un elemento de disolución del orden político y social".

El presidente Huerta conceptuó a los senadores y diputados de las Cámaras legislativas individuos quienes frenaban al Poder Ejecutivo y Judicial para las acciones urgentes del momento, hecho que ponía en riesgo la vida del país. Ante tales acontecimientos, ordenó aumentar los recursos a las fuerzas armadas, para así enfrentar a los grupos opositores. Todo ello favoreció la reinstauración del desgobierno en el país. Al mismo tiempo, el general Huerta habilitó a una gran cantidad de presidentes municipales, gobernadores y funcionarios federales. Así a través de su administración pública, continuó proporcionando los diferentes servicios públicos.

El primero de mayo de 1913, la clase obrera en México se congregó por primera ocasión para conmemorar el día del trabajo; fue la Casa del Obrero Mundial la organizadora del desfile obrero, exteriorizando en sus actos y consignas el recuerdo de los obreros asesinados en Chicago, en 1887, conocidos como los Mártires de Chicago, ultimados por el hecho de sostener huelgas para tener una jornada de trabajo menos explotadora. Desfilaron en la Ciudad de México, aproximadamente, veinticinco mil obreros. Tal contingente partió del Zócalo a la Alameda central, al finalizar el evento se realizó el mitin.[70]

Mientras eso sucedia, Venustiano Carranza abanderaba el movimiento armado en contra del general Victoriano Huerta, secundado por un nutrido número de hombres comprometidos con la sublevación en gran parte del país. Dicho empuje le proveyó de solidez a su movimiento al grado de obtener que Washington, a poco más de un año de lucha, dejara de respaldar a Victoriano Huerta y comenzara a reforzar finalmente a Venustiano Carranza y su Plan de Guadalupe. La protección del gobierno norteamericano a través de su embajador Henry Lane Wilson es fundamental, pues éste era un ferviente incondicional y además manipulador de Porfirio Díaz.

Ante tales vicisitudes, los gobiernos de Huerta y Carranza coexistieron por prolongado tiempo. El 15 de julio de 1914 Victoriano Huerta es obligado a renunciar, hecho sustentado mediante la aprobación de todas las clases sociales. El inicio de la inconformidad hacia Huerta partió de las tropas insurrectas, las cuales habían improvisado la revolución obrero-campesina, y cuya consiga era derrotar al repressor, representante de lo peor de la jefatura porfirista. En este marco se dio el ideal armado para finalizar con la usurpación política, y por otra parte se enarboló la

---

[70]   Trejo Delabre, Nexos (1995) "Primero de Mayo premonitorios", pp. 10 – 13.

apertura del movimiento agrario de carácter democrático, en donde se luchó en razón de las mayorías, para, de esta forma, conquistar el principio de igualdad con justicia, en favor del equilibrio nacional.[71] Sin entredicho, de ningún modo llevó hasta sus últimas consecuencias, pues su objetivo fundamental yació en conquistar el poder político.

Insurrrección democratica de 1913.

El ciclo de la Revolución Mexicana se mostrará de forma breve, evitando los detalles; es un periodo del cual ya se ha escrito suficiente. Además, se correría el riesgo de perder al lector en la inmensidad de matices intrincados de la innegable participación del pueblo. Son incontables los hombres que jugaron un papel importante, no sólo en el norte del país, sino también en el sur, en donde la gran pléyade de revolucionarios participó. Por desgracia, no se les ha hecho justicia debido al centralismo político e intelectual.

Sin duda, el levantamiento armado de 1913 es en donde por primera ocasión la vertiente popular de carácter democrática se tornó violenta y furiosa, al grado de convertirse en la primera fuerza revolucionaria. La diferencia con la revuelta de Independencia de 1812 estribó en que en este movimiento sí se tenía un proyecto claro, como lo era el reparto agrario. Con todo, la lucha terminó siendo malgastada por sus dirigentes, pues al arribar hasta el centro del poder del país, su presencia se circunscribió solamente en menospreciar la silla presidencial. Tal acción es la de Francisco Villa y Emiliano Zapata.

En este tipo de revoluciones a pesar de la cuota de sacrificio por parte de las clases llamadas hoy populares, éstas por lo general salen perjudicadas al final de la jornada. La causa es que las insurrecciones engendran expectativas de igualdad ante los desiguales. El otro inconveniente radica en las ambiciones de algunos hombres, los cuales toman el mando unipersonal para beneficio propio.

---

[71]   Parte del discurso de Carranza en el Ayuntamiento de Hermosillo, el 24 de septiembre de 1913, citado por Roberto Rives, op.cit., p.179. Aclaración: de haberse consolidado dicha expresión demagógica de Carranza, México, al triunfo de ese movimiento armado, hubiese entrado al socialismo.

El motivo más frecuente para el desarrollo de una revolución violenta es la desigualdad de propiedades y la falta de respeto al ser humano.[72] A estas premisas menores puede añadirse la condición mayor en donde se vuelve especialmente cierta: cuando un gobierno es derrocado se debe a la constitución, la cual está basada en la ambición de unos cuantos. Ambas acciones, pacíficas o violentas, son parte fundamental para llevar a cabo la transición política en donde la clase triunfante moldeará en la nueva Constitución política privilegiando sus intereses de clase.

De hecho, el camino directo hacia el nuevo ciclo político inició el 26 de marzo de 1913 al firmar el Plan de Guadalupe, un papel manuscrito en tres hojas donde se formuló lo siguiente:

> 1-. Se desconoce al gobierno de Victoriano Huerta como Presidente de la República 2.- Se desconoce también a sus poderes Legislativo y Judicial de la Federación 3.- Se desconoce a los gobiernos de los Estados que aun reconozcan a los poderes federales que forman la actual administración treinta días después de la publicación de este Plan 4.- Para la organización del Ejército encargado de hacer cumplir nuestros propósitos, nombramos como Primer Jefe del Ejército que se denominará "Constitucionalista" al ciudadano Venustiano Carranza, Gobernador del Estado de Coahuila 5.- Al ocupar el Ejército Constitucionalista la ciudad de México, se encargará interinamente del Poder Ejecutivo el ciudadano Venustiano Carranza Primer Jefe del Ejército o quien lo hubiera sustituido en el mando 6.- El Presidente interino de la República convocará a elecciones generales tan luego como haya consolidado la paz, entregando el poder al ciudadano que hubiere sido electo 7.- El ciudadano que funja como primer Jefe Constitucionalista en los Estados cuyos gobiernos hubiesen desconocido a Huerta, asumirá el cargo de gobernador provisional[...][73]

Las insurrecciones únicamente las realizan aquellos sin nada por perder. Al final, éstos siempre son manipulados por uno o bien por los

---

[72]   Aristóteles, Política., pp. 2010-2011.
[73]   Plan de Guadalupe (1965).

pocos. Por ello, es difícil para muchos admitir este tipo de actividad política, pues se instaura por lo regular un mando de esencia unipersonal o de asamblea. La duda sería, ¿cuál es el prototipo de libertad, igualdad o ambición predominante dentro del movimiento armado? La agitación política se propagó en la mayoría de la población; fue una corriente indómita que terminó inexorablemente con la derrota, es decir, con la conquista del poder en favor de unos cuantos. De lo anterior hay múltiples ejemplos, casi en su totalidad corresponden a la arbitrariedad para impartir justicia entre pobres y ricos.

Las oligarquías son destruidas por las revoluciones democráticas, puesto que no esta exenta de la irritación de las clases pobres por ser tratadas injustamente. Además, porque creyéndose iguales en el nacimiento, en concordancia con los hombres libres, no tienen participación igual en el poder. En cambio, en los gobiernos democráticos sucede lo opuesto, son los notables y oligarcas los cuales se rebelan, porque a pesar de ser desiguales, sólo consiguen una participación igual. El menosprecio al orden constitucional produce tanto revoluciones democráticas como reformas oligárquicas. Las primeras acontecen cuando las oligarquías le niegan al pueblo toda participación en la riqueza patrimonial, y al ser la mayoría, y ver a los ricos en minoría, se estimula porque se cree más fuerte. Pero las oligarquías también se sublevan contra las democracias, pero de forma pacífica. Lo efectúan a través de ir desgastando el pacto social en favor de las mayorías, la más de las veces por medio de reformas a la constitución política.

En 1913, la clase campesina inició la extenuante lucha armada desde el norte del país. Carranza jefe del Ejército Constitucionalista, ya asumía tener cierto avance respecto a la organización del país. Al instaurarse en la ciudad de Veracruz, batalló para llegar a ser reconocido por Washington. Así es como instaló su estructura política administrativa diseñada de forma vertical en razón de la Primera Jefatura del Ejército Constitucionalista. Por tal motivo, a su arribo a la región veracruzana pudo proponer leyes respect a la repartición de tierras; la devolución de ejidos; beneficios para la explotación petrolera y, principalmente en la defensa de la clase obrera. Venustiano Carranza, a mediados de ese año, ya había enviado un manifiesto declarando superioridad en gran parte del territorio nacional, y exigiendo a los bandos contrarios someterse para alcanzar la paz, y así, consumar la revolución.

En 1916 el gobierno carrancista era reconocido por la ponderosa oligarquía norteamericana y gobiernos de diferentes países. En septiembre,

Carranza convocó para formar el Congreso Constituyente, el cual tendría como sede la Ciudad de Querétaro. La Cámara de Diputados, en abril de 1917, declaró presidente constitucional a Carranza, tomando el periodo legal comprendido entre el primero de diciembre de 1916 a noviembre de 1920; a pesar de ello, desde 1914, Carranza ya tomaba decisiones y enviaba decretos como representante único de la nación mexicana. Todas estas acciones las realizaba en base al document de 1857, a través de decretos.

Transición política de 1917

La paradoja al observar el recuento de los ciclos políticos, en especifico los más significantes, evidencia que con Carranza fue el primer régimen legal y legitimado por la casi totalidad del pueblo mexicano. A inicios del siglo XX se consumó una transición política más, pero ahora con la injerencia de los habitantes del país. La conquista del poder, estuvo respaldada por la clase obrera y campesina, consideradas en el pacto politico a la hora de instaurar la Constitución Política de los Estados Unidos Mexicanos de 1917, documento promulgado el 5 de febrero de este mismo año. El cuerpo de los artículos constitucionales es, en su conjunto, producto del levantamiento armado de 1913, en donde se buscaron prerrogativas agrarias así como los derechos de los obreros y jornaleros, ambos dentro del carácter colectivo.

En la Constitución del 17 se concibió una forma de gobierno mixta de monarquía en esencia por medio del régimen presidencial, y republicana al atender a todas las clases sociales sin detrimento de alguna de ellas. Dos principios reivindicados por las revoluciones de 1910, de carácter plutocrático, pues beneficiaba a los pocos hacendados copartícipes. La revolución de 1913 yació democrática por la intervención de las clases desposeídas. Todas ellas sin renunciar a efectuar un pacto político y social. En definitiva, se realizó el anhelo de todo pueblo: constituirse como nación.

La Carta General es un documento razonado que se opone a los excesos de los muy ricos, y en busca de paliar las deficiencias de los muy pobres. Sin duda, se pretendió, en cierto centido, abandonar esa sociedad cerrada de organizaciones tribales, que se había eternizado en México, incluyendo la porfiriana con todo y su propaganda de "paz y progreso".

El principio generador de la república es la causa primera de esa forma de gobierno, modelo político en donde mejor se tutela la mayor parte de las acciones gubernamentales. Así se aplicó la esencia republicana en el document de 1917, el cual penetró en todas las ideas y opiniones de sus habitantes, más aún, con los presidentes militares posrevolucionarios al frente del Poder Ejecutivo. Fue necesario recurrir a esa mixtura de gobierno para, en cierta manera evitar someter a cualquier interés de clase en detrimento de la otra. Pero también es innegable la serie de hechos actuales, dentro de la misma tendencia de la estructura de gobierno unipersonal, en donde pareciera imposible salvaguardar los principios políticos plasmados en la constitución, y por desgracia han sido reformados sin ininterrumpir hasta nuestros días.

El presidente Álvaro Obregón sería el primero en modificar la Ley General. No obstante, dichas reformas no removieron las bases de la constitución ni tampoco perturbaron los principios generadores de la esencia del recién constituido Estado Mexicano. El fundamento republicano y el poder regio predominaron en el país en un tiempo significativo, máxime, en la época en donde los gobiernos se disponían a la reconstrucción de las instituciones políticas.

Es necesario valorar la transición política de 1917, en particular los efectos que ésta ocasionó para el grueso de la población, la cual había subsistido dentro de una larga tiranía, aunque ese esquema pareciera habitual para la mayoría. En el caso específico de los gobiernos de tiranía en México, algunos habían acabado con las convulsiones políticas a lo largo del siglo XIX, siempre colmados de continuos levantamientos armados, cuartelazos y golpes de estado. Todo ello en medio de la miseria, la constante en este periodo. Una nación en sempiterna promesa de consolidación pero desafortunadamente nunca consiguió prosperar.

El fin último del Estado es ya en su madurez, establecer la paz y justicia social. Así, en México primero se mostró con principios republicanos en donde la idea era respetar el elemento laico de la constitución. Premisa no aceptada por la Iglesia Católica, y gobiernos ambos emprendieron el manejo ideológico para evitar la complicidad del espíritu público en relación al anquilosado mecanismo religioso.[74]

La lealtad al hombre por parte del pueblo mexicano no impidió fomentar la Constitución Política de los Estados Unidos Mexicanos. La práctica de la actividad partidista en la lucha electoral, aunque manipulada, evitó también situaciones de inestabilidad, favoreciendo así la convivencia libre entre todas las clases sociales. La vía más adecuada

---

[74] Emilio Rabasa, op. cit., p.337.

consistió imponer el respeto hacia las normas constitucionales, evitando la desobediencia como bien pudiera ser. De hecho, la creación del partido único sería un éxito; todo esto ayudó a la estabilidad política y social.

Acorde con ello, al final la autoridad máxima del Estado Mexicano ya fungía como órgano supremo y continuaba siendo el Poder Ejecutivo. El Constituyente aceptó depositarlo en manos de un solo individuo, denominado Presidente de los Estados Unidos Mexicanos, arrogándose el derecho de suprimir la vicepresidencia, por las experiencias nefastas vividas en el siglo XIX. El régimen presidencial había funcionado desde las anteriores constituciones, el cual se opuso al posible régimen parlamentario o de gabinete.

Es a través del artículo 89 de la Constitución en donde se fundamentó el fortalecimiento del Poder Ejecutivo. Entre otras prerrogativas, del presidente sería Jefe de gobierno y de Estado, comandante de las Fuerzas Armadas, así también responsable único del ejército burocrático federal. Un régimen presidencial en que los funcionarios de la Administración Pública de más alta jerarquía carecerían de responsabilidad tanto política como jurídica. La constitución señala como único garante al encargado de la institución presidencial. Asimismo, quedó revestido con facultades para declarar la guerra y preservar la seguridad nacional.

En pacto politico de 1917, entre los logros más preciados por parte de los hombres del Poder Constituyente, cabe destacar los evidentes signos de madurez al plasmar la correlación de fuerzas, en tanto no había vencedores ni vencidos, pues todo los rubros sociales estaban representados, y en donde por fin, después de muchos años de espera, los obreros y jornaleros se habían visto favorecidos mediante el reconocimiento de sus intereses de clase en los artículos 123 y 127. De acuerdo a lo anterior, el Estado Mexicano sería el garante de la propiedad sobre la tierra y de sus riquezas, para el bienestar de todos.

Es a través del artículo 123 cómo el Estado asumirá el compromiso de absorber las demandas de los trabajadores, salvando sus garantías jurídicas, individuales y sociales, con la intención de poder coexistir a través de los instrumentos instituidos por los gobiernos posrevolucionarios. Dentro de las nuevas relaciones obrero-patronales, así como la responsabilidad del gobierno en acción, se instauró la consigna de salvaguardar la "propiedad pública", ahora administrada por el Estado, lo cual daba el aspecto de un modelo político activo en plena posmodernidad. Las mismas relaciones financieras, de empleo, y de seguridad social, entre otras, determinaron la posibilidad de consolidar al Estado Mexicano.

La Ley Fundamental se basó para su estabilidad en otros artículos sobresalientes, como el "Estado laico", el cual quedó asentado por los constituyentes después de muchos años de luchar por su instauración. Asimismo, se abogó por la defensa de la clase obrera y campesina, ahora sobre la base de los artículos 123 y 127, ambos apartados constitucionales básicos dadas las características de la lucha armada. Estos eran los primeros efectos de la justicia social encaminada a otorgar prerrogativas a los pobres, sin olvidar a la clase rica y sus relaciones de convivencia social, contempladas con el objetivo de garantizar la concordia y el bienestar general.

En los primeros años de la época posrevolucionaria, los derechos de los mexicanos siempre estuvieron vigentes, mismos que se incorporaron a través de instituciones sólidas. La conformación del Estado Mexicano fue un ejemplo a seguir en Latinoamérica, pues la primera mitad del siglo XX, varios países aún no lo conseguía. Incluso existía una inestabilidad política muy marcada en casi todos ellos.

Aquí se debe retornar el tema referente a las distintas etnias diseminadas en todo el territorio nacional. Estas comunidades indígenas han sido inexorablemente vulnerables dada la desigualdad tanto económica como jurídica. Tal situación manifiesta todo un problema ancestral muy difícil de corregir, pero no imposible. En México, en el siglo XX y el actual XXI, la mayoría de sus habitantes continúa hundida en el infortunio y la ignorancia. No es excesivo mostrar en el presente análisis que en México sigue existiendo cierto tipo de sumisión humana.

Como un mal recurrente, se suscitó el mismo esquema de los ciclos políticos acontecidos en el siglo XIX. La mayoría de sus habitantes dejó de participar en los comicios, a excepción de las zonas urbanas. Tal coyuntura todavía es aprovechada por quienes están al frente de las organizaciones políticas, militares y sociales. A partir de Venustiano Carranza, en 1915, comenzó a eliminarse el espíritu participativo. El mismo bienhechor de las clases pobres y de la lucha armada destruyó a sus dirigentes. Primero, mandó matar a Francisco Villa, utilizando las fuerzas constitucionales al mando de Álvaro Obregón. Después, el 10 de abril de 1919, en Cuernavaca, Morelos, las tropas carrancistas ocuparon la plaza en donde estaba el control de los zapatistas, y del mismo modo asesinaron a traición a Emiliano Zapata, jefe y promotor del reparto agrario. Método idéntico se utilizó meses más tarde con el general Felipe Ángeles, aprehendido en Chihuahua y llevado a un Consejo de Guerra para ser fusilado. Lo mismo sucedió en todo el país: en donde hubiera hombres comprometidos con la revolución, todos acababan muertos por el motivo de estar al frente de la clase desheredada. Así es como eliminaron el espíritu revolucionario.

El nuevo proyecto de nación nació arduo y difícil de establecer, pues la ambición y la violencia continuaban dándose de forma cotidiana. Ante tales acontecimientos, el presidente Carranza se propuso instaurar, en 1920, un México civil a través de un candidato no militar. El 21 de marzo, Ignacio Bonillas aceptó la invitación a la candidatura presidencial; no obstante, el proyecto civil parecía imposible de erigirse en esos momentos dada la oposición de los militares revolucionarios.[75]

Ante tal ocurrencia, Carranza comenzó a sufrir persecuciones hasta ser asesinado. El Congreso nombró presidente provisional al general Adolfo de la Huerta, uno de los hombres pertenecientes a la revolución triunfante. De la Huerta nació en Hermosillo, Sonora; estudió contaduría y música. Fundó el Club Antireeleccionista de Guaymas, tras la caída de Porfirio Díaz, en 1911. Diputado local, colaboró en la concertación de la paz con los yaquis. En 1914, Venustiano Carranza lo nombró oficial mayor de la Secretaría de Gobernación. En 1915, encargado del Despacho, y en 1916 gobernador provisional del estado de Sonora.

Asimismo, cónsul general en Nueva York en 1918, y gobernador constitucional de Sonora de 1919 a 1920. Tras firmar el Plan de Agua Prieta, desempeñó provisionalmente el cargo de presidente de la república, desde junio hasta finales de noviembre de 1920. Posteriormente, sería nombrado por Álvaro Obregón ministro de Hacienda; precandidato a la presidencia en 1923. Ya distanciado del presidente Obregón, se levantó en armas en ese mismo año en la conocida "rebelión delahuertista". Tras resultar derrotado, Huerta huyó a Los Ángeles, California, donde finalmente falleció.

Ante todo este seísmo, los campesinos, sin tierra, perdieron la oportunidad de seguir recibiendo los repartos agrarios, además del potencial apoyo de la máxima autoridad para desarrollarse. La clase campesina, la jornalera en particular, había dejado las armas y el deseo de seguir luchando; Por el contrario se dedicó al cultivo de la tierra y/o a la ganadería, con la finalidad de obtener autosuficiencia alimentaria. No

---

[75] Locke (1984), p. 95. Dice: "Hay comunidades políticas en las que el poder legislativo no funciona de manera permanente, y en donde el poder ejecutivo está delegado a una sola persona, en ese tipo de sociedades se puede decir que esa persona concreta es el órgano supremo".

obstante, cuando un pueblo tiene lo necesario, por lo regular se encuentra trabajando; no tiene tiempo libre ni ganas de asistir a las asambleas, tampoco envidiar la propiedad de los otros. Al encontrar más placentero su trabajo, los puestos en el gobierno no le interesan. Abandona la lucha, dejando apetecer los cargos públicos a quienes, después, los segregarán.

Gobierno monárquico-republicano de 1917 a 1946.

En la época posrevolucionaria, a partir de Álvaro Obregón hasta Lázaro Cárdenas, el modelo del poder conquistado a través de las armas, la fortaleza de lealtades, fue sustancial para dar continuidad al regimen presidencial. Muchos de los generales forjados en la revolución formaron parte de los cuadros políticos y administrativos del recién creado Estado Mexicano. Meses más tarde, tras la muerte de Venustiano Carranza, el general Obregón proclamó su candidatura a través de un acto de voluntad personal, apuntalado por las estructuras políticas del Partido Nacional Agrarista; Partido Laborista Mexicano, y el Partido Liberal Constitucionalista. Además de algunas organizaciones sociales, como las centrales obreras y campesinas. Desde esas organizaciones políticas, las elecciones serían manipuladas. Los partidarios del candidato se localizaban en casi todas las casillas. El sufragio sirvió únicamente para legitimar el triunfo de Obregón.[76]

De la Huerta le entregó la banda presidencial a Obregón el primero de diciembre de 1920, ya cuando la Cámara de Diputados lo había declarado presidente constitucional días antes. A Obregón le incomodaba atender cualquier representación agraria, en especial sus demandas sociales. Por ello, éste inició la persecución en contra del general Francisco Murguía, quien es aprehendido en Tepehuanes, Durango, y fusilado posteriormente. Al sur del país. las fuerzas federales mataron al gobernador de Yucatán, Felipe Carrillo Puerto. En los gobiernos de tiranía nunca está asegurada la vida de nadie, ni políticos ni particulares. El tirano tiene siempre en sus manos la vida y la fortuna de éstos, pues teme ser estorbado para el uso del poder: se transforma en un todo poderoso, el cual estará en cualesquier lado.

Álvaro Obregón alcanzó en 1923 el reconocimiento formal de su gobierno por parte de las autoridades de Estados Unidos gracias a los

---

[76]   Luis Javier Garrido, op. cit., p. 46.

Tratados de Bucareli, también conocidos como Convención Especial de Reclamaciones, por medio de los cuales, Washington exigía indemnizar a los propietarios angloamericanos, en particular a la oligarquía petrolera, por los daños causados en el levantamiento armado. La firma se llevó a cabo el 13 de agosto de ese año. De la misma manera, Washington trató de presionar al gobierno mexicano para derogar varios artículos de la Constitución, acusándola de asumir una gran influencia marxista. Obregón admitió realizar algunos ajustes a partir de las demandas de los intereses económicos de las oligarquías extranjeras.[77] De hecho, a finales de ese año, la oligarquia norteamericana lo apoyó frente a la rebelión encabezada por De la Huerta. El estímulo ante su buena actuación en favor de los oligarcas, además por su buen oficio político, sería el financiamiento externo para la reconstrucción económica de México.

Plutarco Elías Calles ya había manifestado en 1923 su deseo por la candidatura para la presidencia. En esas fechas, asumía la cartera de la Secretaría de Gobernación. El propósito de Calles, contó con la anuencia de Obregón; sin embargo, De la Huerta no estuvo conforme ante esa posibilidad y se rebeló. No obstante, de modo ágil fue sofocado tal levantamiento en noviembre de 1924. De esa forma, el general Elías Calles tomó posesión como presidente, para años más tarde ser reconocido por todas las organizaciones políticas y militares como el Jefe Máximo.

El Vaticano, a través de los delegados apostólicos, hizo actividades subversivas en la mayor parte de la república, provocando desde el púlpito a los gobiernos locales así como al federal. Ante ello, la administracíon callista respondió con celeridad cerrar templos y colegios católicos. De forma especial en las entidades en donde se daban más las intervenciones eclesiásticas; inclusive, se expulsó del país a algunos párrocos extranjeros, españoles en particular. En febrero de 1925, activistas pertenecientes a La Iglesia Cismática Mexicana se apoderaron de la parroquia de la Soledad de Santa Cruz, ubicada en la Ciudad de México, la cual sería recuperada con violencia por parte de los vecinos de esa colonia. El distanciamiento con la Iglesia Católica llegó ser un asunto dilatado y riesgoso. El 31 de julio de 1926, los sacerdotes católicos decidieron suspender el culto en la mayoría de los templos, siendo estos entregados a las juntas de vecinos.

---

[77] Los Tratados de Bucareli también impusieron que México no fabricaría motores de combustión y tampoco acondicionaría los puertos de Coatzacoalcos y Salina Cruz, de ahí nace lo de América para los americanos.

El rubro financiero nacional tenia graves problemas a consecuencia del levantamiento armado. Se había desatendido la emisión de moneda y la comercialización de la producción, especialmente agrícola, ante el deterioro del mercado de capitales. La ausencia de una clase oligarca nacional llevó al país a no contar con soportes financieros de capital privado. Por tanto, la productividad era muy pobre. México carecía de industria pesada nacional con la cual pudiera explotar los recursos pétreos o mineros. Aunque no exclusivamente por insuficiencia de inversión o tecnológica, sino también porque, de manera histórica, nunca les importó a los mexicanos. De ahí el valor clásico de la intervención del Estado Mexicano no sólo en la economía. El grave inconveniente para los gobiernos de ese periodo posrevolucionario estribó en abandonar el control de los recursos naturales del país.

En 1925, aún dentro del desconcierto político y social, se emitió el decreto presidencial para la creación del Banco de México, diseñado como sociedad anónima; su principal misión era la de emitir billetes, así como regular la circulación de la moneda en el territorio mexicano. El Banco, sin embargo, no contó con la estructura bancaria adecuada, por tanto, hubo dificultades para el movimiento metálico. Aun así, al siguiente año, a través de la Ley de Crédito Agrícola, se fundó el Banco Nacional de Crédito Agrícola, orientado principalmente al apoyo de los campesinos ejidatarios y pescadores, organizados en cooperativas; una figura productiva y financiera importante, la cual a la postre terminó siendo abandonada de forma perversa para la creación de fideicomisos.

El primero de julio de 1928, en la elección presidencial, surgió triunfante el general Álvaro Obregón, no había otro candidato registrado. En este periodo, la persecución eclesiástica fue una tragedia ominosa que terminaría por ser imborrable en la historia del pueblo mexicano, en donde hubo fusilamientos de curas por orden de las autoridades policiacas, en muchas ocasiones sin haber sido dictaminadas mediante disposiciones jurídicas. Todo esto era el cuadro de dolor, odio y angustia en una sociedad eminentemente católica. El 17 de julio de 1928, en el restaurante La Bombilla, ubicado en San Ángel de la Ciudad de México, en donde se celebraba el banquete en honor a Álvaro Obregón ya como presidente electo, el profesor de dibujo José de León Toral aprovechó la ocasión para dispararle varias veces con una pistola.

La investigación señaló que el homicida era un dogmático hombre religioso. En el atentado también estuvo involucrada la monja María Concepción Acevedo, acreditada como La Madre Conchita, a la cual se inculpó de ser la autora intelectual del asesinato; Toral sería fusilado y a ella le dieron 20 años de prisión en las Islas Marías.[78] El cadáver de Álvaro Obregón lo trasladaron en ferrocarril hasta Huatabampo, Sonora, localidad donde nació y en la que radicaba en esos días. Es ahí donde sus restos recibieron sepultura.

En el periodo de 1910 a 1925, las guerras civiles y los múltiples golpes militares, además de las rebeliones internas, arruinaron la poca producción industrial en México. Asimismo, se frenó la educación superior y, lastimosamente, el posible desarrollo tecnológico. Al mismo tiempo, la inestabilidad social y política ahuyentó algunas inversiones. Acorde con los acontecimientos anteriores, se puede afirmar: el pueblo mexicano sufrió las mismas vicisitudes de décadas anteriores. El 16 de agosto, el licenciado Emilio Portes Gil, estaba como gobernador del estado de Tamaulipas, era designado Secretario de Gobernación, para que después, el 25 de septiembre, el Congreso le proveyera el nombramiento de presidente temporal para el periodo del 30 de noviembre de 1929 al 14 de febrero de 1930.

Ante la pérdida de hombres fuertes de la revolución (Venustiano Carranza, De la Huerta y Álvaro Obregón), el general Plutarco Elías Calles, por su experiencia militar y política, forjaba su presencia nacional para tener el gran influjo entre los militares y civiles de esa época. La imagen política de Calles prosperó notablemente, por tal motivo buscó nuevos mecanismos de control. En 1928 fundó el Partido Nacional Revolucionario (PNR), organización política con la que consiguió legitimar presidents, como Emilio Portes Gil, en su carácter provisional.

En las designaciones, Calles recibió el nombramiento de Secretario de Guerra y Marina; fue, según él, con la finalidad de poner orden a la rebeldía de Escobar y su movimiento, además de aquietar algunos obregonistas inmersos dentro de la estructura federal. Esta situación le permitió ser considerado el máximo jefe de la vida nacional, pues para este periodo ya contaba con el PNR, cuyo respaldo le facilitaba su intervención directa en las elecciones, en especial para restaurar las libertades cívicas

---

[78]   Hoy, julio de 1940. En la revista están escritas las memorias de La Madre Conchita. En su autobiografía jura que fue inocente, que cuando el juez, en 1928, gritó que "fue la autora intelectual", de inmediato los diarios y los voceadores lo divulgaron por todo México, sin que se pudiera probar ni defender. Sor concepción se ordenó el 16 de julio de 1914.

en las entidades federativas, así como para la designación de los presidents, los cuales ejercieron su gestión hasta por cuatro ocasiones.

Calles, por medio del partido único, consiguió se propusiera a Pascual Ortiz Rubio, esto, con el único propósito de cumplir con los requisitos mínimos en la función electoral. De inmediato, el PNR lanzó la campaña para llevarlo hasta la Presidencia de la República Mexicana.

1

Pascual Ortiz Rubio nació en Morelia. Estudió ingeniería en la Escuela Nacional de Minería. Resultó elegido diputado en 1912, y nombrado gobernador del estado de Michoacán, en 1917. En abril de 1919 participó en el movimiento que derrocó al presidente Venustiano Carranza. De 1920 a 1921, es Secretario de Comunicaciones y Obras Públicas con los presidentes Adolfo de la Huerta y Álvaro Obregón. Plutarco Elías Calles lo nombró embajador, en plena crisis económica nacional y mundial, en Alemania y Brasil, desde 1930 hasta el 2 de septiembre de 1932, antes de arribar al Poder Ejecutivo. La renuncia de Pascual Ortiz Rubio sería dirigida al H. Congreso de la Unión con la firme intención de facilitar la trasmisión pacífica del Poder Ejecutivo, buscando con ello la posible unidad en el presente y futuro del país.

Elías Calles en medio de tal evento, de forma tramposa, envió la terna para la presidencia en donde estuvieron A. Pani, J. Amaro y Abelardo L. Rodríguez. El perfil ya estaba diseñado para que Abelardo Rodríguez ocupara de forma interina la presidencia.

Abelardo Rodríguez fue militar y político. Nació en Guaymas, Sonora; trabajó en las minas de Cananea y en 1906 emigró a Estados Unidos, en donde pratició en diversos oficios. En la Revolución Mexicana combatió contra las huestes de Emiliano Zapata, esto en 1913, y contra Pancho Villa en la batalla de Celaya, en 1915. Llegó ser gobernador del territorio norte de Baja California entre 1923 y 1929. En 1932 ocupó la Secretaría de Industria, Comercio y Trabajo.

Con Abelardo Rodríguez, se aprobó el primer plan sexenal; también expulsó al delegado apostólico de la Santa Sede. Al mismo tiempo, desarrolló la difusión de la educación pública; consumó el intento por crear Petromex, la compañía estatal de petróleos de México. Asimismo, fundó la Comisión Federal de Electricidad, e inició sus operaciones Nacional Financiera; se inauguró el monumento a la Revolución y se concluyó el Palacio de Bellas Artes. El general Abelardo Rodríguez alcanzó a facilitar cierto funcionamiento a las instituciones, así como la presentación ordenada para lograr el consenso en la candidatura del general Lázaro Cárdenas a la presidencia. Cárdenas desde el inicio conformó una corriente política importante, en particular, cuando realizó sus giras por el interior del país en su papel de candidato. En ellas, la población le increpaba continuamente la falta de respeto a la ley. En esta época, las arbitrariedades seguían sustituyendo a las leyes.

Lázaro Cárdenas del Río nació el 21 de mayo de 1895 en Jiquilpan de Juárez, Michoacán. La prematura muerte de su padre lo obligó a trabajar de tipógrafo recién terminados los estudios primarios, y más tarde en una oficina de Hacienda. En 1913, tras los sucesos de la Decena Trágica, además del asesinato del presidente Francisco I. Madero, Cárdenas se incorporó a la Revolución Mexicana. A finales del año siguiente, después de que tuviera lugar la Convención de Aguascalientes, se unió a las tropas conducidas por Francisco Villa. En 1915 obtuvo el grado de teniente coronel, pasó a militar en las fuerzas constitucionalistas de Venustiano Carranza, y así se relacionó con el grupo de Sonora, dirigido por Plutarco Elías Calles. En 1920 recibió el ascenso a general en el Ejército Constitucionalista. Años más tarde, resultó favorecido como gobernador de Michoacán de Ocampo, cargo que desempeñó desde 1928 hasta 1932. Elegido en 1930 presidente del Partido Nacional Revolucionario, PNR, fundador y militante. Fue Secretario de Gobernación en el gabinete del presidente Pascual Ortiz Rubio. En la presidencia interina de Abelardo Rodríguez ejerció la función de Secretario de Guerra y Marina, desde el primero de enero hasta el 15 de mayo de 1933.

Ante la deficiencia del ahora aclamado "sector privado", el presidente Lázaro Cárdenas, utilizando sus facultades constitucionales y como único responsable de la Administración Pública, organizó la producción para llevar hasta sus últimas consecuencias la intervención del Estado Mexicano en la economía. Para tal efecto, se crearon e impulsaron organismos descentralizados, instituciones crediticias, cooperativas, así como empresas de participación estatal a las que en su conjunto se llamaría el *Sector Paraestatal*.

Las gestiones del presidente Cárdenas siempre se dieron sobre la plataforma de la carta queretana, así redefinió el curso politico- economico nacional frente a las ambiciones oligárquicas externas, en particular europeas y angloamericanas. La visión nacionalista del general Cárdenas resistió las envestidas de la doctrina global del liberalismo, basada ésta en el privilegio del régimen de propiedad privada. Además de la consabida máxima laissez faire, laiseez passer de los privados. Él personificó el principio republicano, pues tampoco prohibió a los privados participar en la economía, aunque siempre estuvieron condicionados por las leyes basadas en los artículos 27 y 123. Dentro del modelo económico, se desarrollaron empresas de crédito; la explotación de energéticos y recursos naturales, así como la prestación de servicios, entre otros.

Lázaro Cárdenas tuteló su administración a través del Plan Sexenal (1934 – 1940). Perfeccionó en cierto modo el esfuerzo de sus antecesores, todos ellos políticos militares revolucionarios. De hecho, es el inicio de la organización productiva de México a través del Plan Sexenal, con el cual le facilitaba al Poder Ejecutivo Federal efectuar los programas políticos, económicos y sociales. La misma Constitución Política lo facultaba para ejercer su autoridad suprema con el fin de ampliar el impulso nacional mediante la solidez y el dinamismo económicos del Estado. México, en este ciclo político, fue una gran república, aunque desafortunadamente después de 1946 los presidentes civiles la encaminaron a favor de la plutocracia, omitiendo así el objetivo de la Carta General, que estaba consolidando las instituciones de la República Mexicana en todo su territorio.

La estructura política, jurídica y administrativa había rendido buenos resultados, disfrutó de la cuantiosa inversión en obra pública. Al mismo tiempo, las instituciones se fortalecían conforme se avanzaba. De igual forma resultó todo un éxito la implantación de la Ley Bancaria, Ley de Planeación, entre otras más.

Todo este ciclo político, con presidentes militares, se caracterizó por su orden, además de su estructura político-social, hasta consolidar el régimen presidencial mexicano, plasmado en la Constitución de 1917. Las diferentes clases sociales terminaron siendo "sectorizadas" a través de sus organizaciones y confederaciones. El "sector obrero" fue coptado por la Confederación de Trabajadores Mexicanos: CTM; el campesinado, dentro de la Confederación Nacional Campesina: CNC; el llamado "sector patronal", en COPARMEX, CANACO y otras; la clase media, en la CROM. La política fue acotada dentro del partido nacional, primero en el Partido Nacional Revolucionario (PNR), posteriormente como Partido de la Revolución Mexicana (PRM) y al final como (PRI). Todos ellos en razón del señor presidente de la República, en calidad de único responsable político y administrativo del país y cuya eficacia quedó comprobada en el desarrollo de ese periodo.

Lázaro Cárdenas, con base en la fortaleza de lealtades, logró la nacionalización petrolera, incautándosela a las compañías de propiedad de extranjera. El recurso legal estribó en la afirmacion del artículo 127, para frenar el ejercicio de las empresas extractivas, y con ello fomentar la defensa de la propiedad originaria sobre el subsuelo de la nación. Después de veinte años, por fin se cumplían las reivindicaciones constitucionales de 1917.

La sedición de los oligarcas extranjeros ante el hecho de haber nacionalizado el petróleo produjo consecuencias graves. Es indiscutible que cuando los pueblos como el mexicano son bien gobernados, despliegan en general una energía infinitamente mayor a la cual poseen, como pudo verse en su momento el respaldo al al nacionalizar la industria petrolera. Aun con todo ello, una vez concretada la incautación, se aplicó el Decreto del 20 de julio de 1938, para instituir la empresa pública denominada Petróleos Mexicanos.

La forma republicana tiene a la larga ciertos riesgos, principalmente, por la fuerza real de la oligarquía. El principio republicano en México dió certidumbre a los obreros y campesinos, incluyendo la clase media a través de programas sociales de acuerdo con la participación del Estado en la rectoría política y económica. Empero, siempre sería ante la molestia e inconformidad e intereses particulares de los ricos, los cuales de manera perenne desean ser la clase suprema.

El pueblo mexicano evidenció parte de su reciente nacionalidad al defender los recursos energéticos. Se puso a prueba la capacidad de las clases sociales, ya organizadas en sectores, para apoyar la decisión política de soberanía a través de metas colectivas en amparo y respeto a la patria. El nacionalismo de la época era una fuerza integradora de la población, pues aglutinó valores y sentimientos donde la sociedad expresó en ese momento histórico su empatía con el cardenismo.

2

La candidatura de Manuel Ávila Camacho la decidió Lázaro Cárdenas, aun en contra del parecer de un considerable número de mexicanos. La opinión pública, respecto a la elección del candidato, lo evaluaba como un equívoco por su caracteristica gris. La clase política, así como algunos intelectuales, proponía a Francisco Múgica para ser designado. La campaña de Ávila Camacho estuvo coordinada por Miguel Alemán Valdés. De inmediato buscó las aportaciones económicas de la oligarquía, principalmente de la terrateniente, para pagar toda la maquinaria propagandística, poco vista hasta ese momento. "El gran operador movilizó las fuerzas vivas del país, donde las constituían organizaciones políticas e instituciones burocráticas del mismo Estado".[79]

Las elecciones de 1940, no obstante el avance político, todavía padecieron gran violencia. La lucha electoral en las calles fue sangrienta además de tramposa, con el clásico robo de urnas por los respectivos bandos. Por un lado, los simpatizantes de Juan Andrew Almazán, y del otro, del general Ávila Camacho. Al final de la alquimia se le concedió la victoria a este último, perdiendo así en la Ciudad de México, no así en las diferentes entidades locales, en donde había menos cuidado de las urnas.[80] Finalmente, Almazán sería subordinado a través de la fuerza del Estado, por ello, decidió renunciar a todo cargo, para salir del país el 26 de noviembre de ese año. Todo ello generó conflictos, los cuales una vez más detuvieron la buena marcha del país. Los oligarcas acusaron a los presidentes anteriores de utilizar el "modelo del populismo", donde se requiere la rectoría del Estado tanto en lo político como en lo económico. Estas inconsistencias sirvieron de subterfugio para llevar las primeras reformas a la Carta General guiadas hacia la participación de los privados. De hecho, se iniciaba un nuevo ciclo político.

3

Manuel Ávila Camacho nació en Teziutlán, Puebla. Tuvo una formación académica autodidacta. Inició su carrera militar en 1914 dentro del Ejército Constitucionalista. En 1920 es designado jefe del Estado Mayor de la primera Brigada de Sonora, y poco después ascendió al grado de coronel. Recibió el nombramiento de Subsecretario de Guerra y Marina en 1933, y Secretario de Defensa en 1937. Su administración se caracterizó por seguir la política económica y religiosa más conservadora que la de sus predecesores.

En el transcurso de la misma, la Secretaría de Educación inició una importante campaña de alfabetización, además se decretó la congelación de rentas en beneficio de las clases populares; se instituyó el servicio militar obligatorio. En el transcurso la Segunda Guerra Mundial, colaboró con Estados Unidos y los demás países aliados contra las potencias del Eje. Ávila Camacho ordenó la reanudación de relaciones diplomáticas con el

---

[79]   Hoy, 1939, p.13.

[80]   Luis Javier Garrido, op cit., pp, 244, 245.

Reino Unido, rotas en tiempos de Cárdenas. En 1944 sufrió un atentado cuando llegaba al Palacio Nacional. Al final de su mandato, el PRM cambió de nombre y estructura para ser el Partido Revolucionario Institucional, PRI.

Ávila Camacho actuó desde la apertura de su campaña electoral con enorme moderación, tratando de acercarse a las fuerzas contrarrevolucionarias del país. En su gestión desatendió a la clase obrera y campesina. Por ello se empezó a hablar de "economía mixta", en donde el Estado Mexicano, teniendo ya controlados los rubros más importantes de la economía, aceptó a los privados como sus asociados. A tal hecho, los especialistas en economía empezaron a llamarle: "sector público y privado". De esta forma, se les otorgó subsidios a los empresarios. Se reformaron los aranceles y reglamentos en beneficio de la nueva clase privilegiada; se establecieron precios de garantía a los productos básicos, orientando los apoyos a la llamada "pequeña propiedad". Es la oligarquía terrateniente, pero oculta con ese nombre.

Se fundó la Compañía Exportadora e Importadora Mexicana, S.A., como parte del Banco Nacional de Comercio Exterior, (en ese entonces también iniió operaciones) Nacional Financiera, instituciones abocadas en ser las garantes para promover la industrialización del país. Las declaraciones del encargado del Ejecutivo serían claras al señalar: "Es necesario generar confianza en los inversionistas". En la administración de Manuel Ávila Camacho se originó la descomposición del gobierno con principios republicanos por uno en favor de los oligarcas, con lo cual, también se propició el dar inicio a el abandono del proyecto nacionalista del país, dando marcha atrás a través de reformas así como de acciones contrarrevolucionarias.

Los extremos de la desmesura originados por Ávila Camacho comenzaron a desplazar a México al servicio del principio oligarca. Fue así como se frenó el apoyo agrario; acabaron incluso restituyéndose haciendas henequeneras en el estado de Yucatán a los antiguos propietarios. Los agraristas, cuparon terrenos en el momento de la repartición, los desplazaron. El salario de los trabajadores se deterioró con la anuencia de los sindicatos, pues sus dirigentes ya estaban siendo cooptados.

Las confederaciones como la CTM y CROM, al ser sectorizada toda petición en pro de las clases obrera y campesina, eran coartadas por las autoridades en turno, las más de las veces por organizaciones partidistas. El Partido Comunista Mexicano (PCM), organización política en ciernes, tal vez sin mucha presencia y hasta con cierto apego al gobierno mexicano, en la época de la nacionalización del petróleo y de los ferrocarriles acabo siendo materialmente desaparecido. Lo mismo sucedió con la mayoría de profesores acusados de socialistas: proscritos en la administración de Octavio Véjar Vázquez, secretario de la SEP. Ante tales hechos, Ávila Camacho pronto se distanció de ese nacionalismo radical de Lázaro Cárdenas. El cambio de rumbo estaba claro, ahora era el momento de afianzar la relación con la oligarquía externa, así como con los incipientes ricos mexicanos. La justificación la argumentaba vía los medios ideológicos del Estado. Dichas prácticas estuvieron encaminadas a generar confianza en los inversionistas.[81]

El viraje político-económico en el Estado Mexicano se facilitó a consecuencia de la coyuntura de la Segunda Guerra Mundial. La colaboración de México hacia Estados Unidos contribuyó a verse favorecido a través del presidente Franklin D. Roosevelt, pues presionó a las compañías petroleras a concertar un acuerdo respecto a la indemnización de las empresas nacionalizadas. Así, la Gran Guerra fungió de catalizador para potenciar el desarrollo económico.

En virtud de lo anterior, Manuel Ávila Camacho disipó la injerencia del Estado en la economía. Por otra parte, a lo que más aspiraba la clase obrera, por medio de sus organizaciones sindicales, yacía en los programas de empleo para fortalecer la industria. Una política económica conciliadora de los intereses de los menos favorecidos los ayudaría a tener mejores condiciones de vida, no importando si los oligarcas veían únicamente por su ganancias. Otra de las directrices del encargado del Poder Ejecutivo estribó en el fomento a la inversión extranjera a través de la exención de impuestos, tal como lo había hecho Porfirio Díaz y el mismo Lázaro Cárdenas. Entre las nuevas corporaciones que recibieron los apoyos se localizaban las empresas de Kraft, Westinghouse y Celanese.[82]

En el escenario político de Ávila Camacho al finalizar su administración, todavía privó la estabilidad del régimen presidencial, cuya fortaleza de lealtades aún estaba presente. Los mismos oligarcas tanto nacionales como extranjeros se adecuaban ante la gran apertura del Estado Mexicano. La limitación aparente de la propiedad extranjera se circunscribiría al 49% en las principales industrias. Los ricos mexicanos, como el sonorense Abelardo L. Rodríguez, seguían presente el modelo

---

[81]   Niblo, op.cit., 94.

[82]   Ibid., p. 131.

protecionista de Avila Camacho, prolongando el subsidio a los privados mexicanos. Se expidió la Ley de Cámaras de Comercio e Industria, de donde germinaron: la Confederación Nacional de Cámaras de Comercio, CONCANACO; la Confederación de Cámaras de Industriales, CONCAMIN y la Cámara Nacional de Industria y Transformación, CANACINTRA.

Al identificarse Ávila Camacho con el modelo oligarca, se inició el desplazamiento de las clases obrera y campesina, lo cual tal vez hubiera sido un grave error, de no haber sido por la incapacidad de movilización por parte de éstos. Aun así, todavía el presidente llamó a la unidad nacional, después de su imposición como primer mandatario. Quizás por ello, en 1943 se expidió la Ley del Seguro Social, observando así lo dispuesto en el artículo 123 fracción XXIX, con la clara intención de llevar a cabo la asistencia social al trabajador y su familia. El organismo descentralizado que se instituyó es el Instituto Mexicano del Seguro Social (IMSS), con un esquema tripartita, la cooperación del Estado, los patrones y trabajadores.

La Iglesia Católica resultó la más conforme desde el inicio del sexenio, después de la declaración pública de Ávila Camacho respecto a su religiosidad. Así, en 1945, en pleno destape, los grupos eclesiásticos y empresariales estuvieron muy atentos a la posible maniobra del jefe del ejecutivo para elegir candidato a la presidencia. En el ocaso de su administración, únicamente estaban Miguel Henríquez Guzmán, Ezequiel Padilla, Secretario de Relaciones Exteriores, y Miguel Alemán Valdés, Secretario de Gobernación. Al final, este último consiguió el nombramiento, al cual no únicamente designó candidato, también lo apoyó desde la institución presidencial en toda la campaña electoral, al grado de defenderlo en el mismo cuestionamiento de su triunfo. Quizás estas hayan sido las primeras elecciones de Estado. De esta manera, Ávila Camacho finalizó su mandato, destacando la hostilidad hacia las clases obrera y campesina del país, esquivadas en ese periodo de gobierno.

La Segunda Guerra Mundial fue un conflicto político-militar iniciado en 1939. Si bien el enfrentamiento bélico lo empezó Alemania y la coalición franco-británica, esta se extendió debido a la avaricia de los países oligarcas, hasta afectar a la mayoría de las naciones del planeta. La conclusión de la conflagración se dió en 1945, para darle paso al nuevo orden mundial, ahora dominado por dos imperialismos: el de los Estados Unidos y la Unión de Repúblicas Socialistas Soviéticas (URSS).

En el desarrollo de la guerra, México tuvo la oportunidad para industrializarse, aprovechando su ubicación geográfica con los Estados Unidos. De hecho, en ese periodo arribaron inversions provenientes de norteamérica. En el conflicto mundial, los oligarcas invirtieron en casi todos los países donde intervinieron. Tal acción geopolítica sería aprovechada por cientos de mexicanos, que emigraron a los Estado Unidos como "braceros", los cuales desde esos años han enviado remesas a los conacionales. Al mismo tiempo, México exportó petróleo, plata, plomo henequen, entre otros insumos, todos ellos fundamentales para una mejor situación política, económica y social.

Capítulo IV

Génesis de la dramática realidad

Descomposición política de 1946 a 2000.

En la posguerra, los gobiernos aliados, particularmente las naciones llamadas del tercer mundo, eran presionados por parte de la oligarquía externa vía sus gobiernos para instaurar la doctrina del liberalismo. La imposición de Miguel Alemán a la presidencia supuso el instaurar un "México civil" sobre la base del modelo político de la Gran Bretaña, perteneciente a los siglos XVI y XVII.[83] La presión imperialista de los Estados Unidos determine la instauración del modelo plutocrático en 1944, dentro de la Conferencia Interamericana en Río de Janeiro, Brasil. Lugar en donde ocurrió el pacto y en el que Washington, disfrutó del mayor margen de intervención en Latinoamérica, en principio para limitar, según ellos, el "fantasma del comunismo" presente ya en varias partes del mundo.

---

[83] Tampoco se puede dejar de lado a Adam Smith (1723-1790), economista y filósofo británico, cuyo famoso tratado Investigación sobre la naturaleza y causas de la riqueza de las naciones, mejor conocido por su nombre abreviado de La riqueza de las naciones (1776), constituyó el primer intento por analizar los factores determinantes en la formación del capital y el desarrollo histórico de la industria y el comercio entre los países europeos, lo que permitió crear la base de la moderna ciencia de la economía y el análisis de la división del trabajo.

Desde 1946 ya existía el apremio del general Manuel Ávila Camacho por reorientar al Estado Mexicano hacia el modelo oligarca; una de las primeras gestiones llevadas a cabo consistió en la exclusión de los militares posrevolucionarios, los que debían abandonar la posibilidad de continuar dentro de la política electoral. Según él, eso era con la intención de consolidar al México civil.

Al final de su gestión Ávila Camacho, la creación de riqueza progresó a causa de la incipiente industrialización, así como por algunos industriosos mexicanos, mismos que intentaron reinstalar pequeñas empresas de construcción: talleres de carpintería; ebanistería; herrería; materiales eléctricos, entre otros las cuales en su mayoría estaban adheridas a la rama automotriz de capital externo.

La paradoja hubiera sido no gobernar sin el principio militar de tipo vertical. En México todavía es un ejercicio natural para el pueblo mexicano, a través de su régimen presidencial.[84] A finales de 1946 llegó como presidente Miguel Alemán Valdés. Hábilmente implantó un régimen de principios militares. Todavía más cerrado, que el ejecutado por los militares posrevolucionarios. Dicha transformación ideológica, y hasta demagógica sobre el civilismo, se dio desde el mismo cambio de siglas del PRM por las del PRI, cuya abreviatura sirvió para institucionalizar tanto al partido, la revolución, como a la institución presidencial.

El régimen presidencial mexicano no cuenta con una interpretación adecuada por parte de algunos estudiosos de las distintas áreas sociales del conocimiento, la mayoría olvida el principio militar del gobierno. Este se encuentra intrínseco en el artículo 89 de la Carta Magna. Es ahí donde están concentradas las facultades del encargado del Poder Ejecutivo; sin embargo, es común hallar en varios libros o ensayos afirmaciones donde se expone que con el Alemán se le dio entrada al gobierno civil. Dicha aseveración es errónea. En México, el principio militar sigue siendo significativo para la vida del país. Aun tomando en consideración que los militares, fueron obligados a abandonar el "sector político" del PRI. No obstante, desde esa época, en cada seis años, el primer mandatario surge como el nuevo garante del gobierno, así como jefe de Estado; responsable único de la Administración Pública Federal; máximo comandante de las fuerzas armadas. ¡Es un militar sin uniforme!

---

[84] Véase, Mijares, (2012).

Miguel Alemán, desde el inicio, instauró una nueva fuerza armada, la cual estaría por encima del ejército y la marina. El Estado Mayor Presidencial sería la organización encargada de erigirse como la "defensora del hombre", más que de la nación. Asimismo, instituyó la policía federal de seguridad y el Batallón de Paracaidistas. La habilidad subterránea de Alemán y su experiencia administrativa lo llevaron a realizar un derrame de recursos económicos del presupuesto federal, sobre todo del no contable, para corromper a los militares revolucionarios. El fondo secreto del Ejecutivo tuvo la finalidad de preservar la lealtad de los generales, principalmente, en las zonas militares del país. Las mismas que introdujo el general Porfirio Díaz buscando asumir el control total en las entidades.

Alemán implantó su autoridad apuntalada por la estructura militar. La acción primera estuvo encaminada a consolidarse ante los ricos mexicanos pero en contra del sentir de la clase obrera y campesina. Un ejemplo de ello radica en la decisión de enviar tropas a las instalaciones petroleras, las cuales serían ocupadas militarmente para asegurar los servicios de abastecimiento de combustible, reprimiendo así cualquier movimiento de los trabajadores petroleros. Esa misma autoridad unipersonal se concebía frente a los gobernadores de las entidades federativas, los cuales también estaban a las órdenes y disposición del señor Presidente de la República Mexicana.[85] De nueva cuenta es necesario revisar lo planteado por el Dr. Patricio Marcos respecto de los gobiernos de principios militares:

> Conviene insistir en la importancia del factor militar en las repúblicas, no obstante que sus móviles sean muy diferentes a los de los regímenes amantes de la ganancia económica. Los republicanos tienen por Musa la imposición de la justicia dentro y fuera de casa. Las campañas militares contra otras naciones las realizan cuando dichos países sostienen órdenes sociales injustas. Es la noción de las guerras justas del paradigma clásico, las cuales buscan la liberación de

---

[85] José C. Valadés, Historia general de la Revolución Mexicana, La Unidad Nacional, México, SEP- Ediciones Gernika, pp. 136 140. Pone ejemplos como el caso de Oaxaca, con el gobernador Edmundo Sánchez Cano. En 1947 Alemán ordenó a éste solicitar licencia para separase del cargo. Eso mismo, sucedió con Juan Esponda, vendedor de presidencias municipales en el Estado de Chiapas, lo cual fue común en el régimen presidencial mexicano.

pueblos sometidos a tiranías internas o externas. Hoy en día el concepto de la guerra justa se encuentra totalmente desprestigiado debido a las aplicaciones perversas a las que fue sometido por el cristianismo americano; nos referimos en especial a la conquista española de las poblaciones nativas americanas.[86]

Miguel Alemán Valdés a finales de la Segunda Guerra Mundial asumió la oportunidad de establecer el proyecto industrializador para México. Si bien era la coyuntura, también acrecentó la penuria para forjarlo desde el mismo Estado dada la carencia de capital público y privado. Al término de la conflagración mundial, dentro de ese mosaico político y geográfico, la administración alemanista acudió a la búsqueda de créditos en el extranjero, con el propósito de otorgar financiamiento a los distintos rubros de la economía. En forma prioritaria se llevó a cabo la construcción de infraestructura: carreteras, electricidad y complejos hidrológicos, entre otros.

En ese periodo, México todavía era una nación carente de recursos económicos, principalmente por la falta de inversión privada. Ante ello, Alemán maniobró el desarrollo a través de sus empresas públicas, e incluso, aunque parezca inverosímil, el Banco Obrero de Fomento Industrial, después acreditado como Banco Nacional de Fomento Cooperativo, impulsó a los empresarios privados mexicanos. Con todo, la industrialización acabo siendo una utopía donde, finalmente, lo único que se consiguió es relegar al agro mexicano.

Aun así, en los años de conflagración mundial (y más tarde) México se salvaguardó para alcanzar el equilibrio politico y social respecto al avance económico en razón de la rectoría del Estado. Alemán no dejó de ser proempresarial, pero ese no era el problema . El inconveniente estribó en que los proyectos de inversion así como los recursos del Estado siempre llegaban colateralmente a los amigos del president. La censura a la opinion pública en este periodo se le conoce con el nombre de la "ley mordaza" refiriendose a la oposición de los propietarios de ciertos medios de información, inconformes ante la reprobable práctica de la Secretaría de

---

[86]   Marcos (2010), op. cit., p. 163.

Gobernación, quien constantemente infringía los artículos 6 y 7 de la Carta General.[87]

Alemán, como su antecesor, si bien estimuló el desarrollo del campo, siempre lo ejerció con la perspectiva de apuntalar a la oligarquía terrateniente, arrinconando a los ejidos, cooperativas agrarias y pesqueras, impulsadas en el periodo posrevolucionario. Se promovieron regiones fluviales, la construcción de presas y vías de comunicación. En cuanto a los recursos hidrológicos, se aprovecharon los ríos de Sinaloa y de la región del Grijalva. Su optimización se llevó a cabo a través de programas anuales utilizando el gasto público, aunque beneficiándose de él en gran medida los particulares además de los funcionarios. La sociedad mexicana se comporta como el dulce conocido como "charamusca", en donde todas las clases sociales se encuentran enredadas y pegadas al Estado Mexicano. A pesar de ello, se propició cierto desarrollo industrial interno a costa de la producción agraria. Este modelo económico tuvo la designación de "desarrollo estabilizador", el cual gravitó con el incremento del financiamiento público, incluyendo la inversión externa. En especial los apoyos para las ensambladoras de automóviles.[88]

El modelo político-económico impuesto por los llamados ´gobiernos civilistas, es la génesis de la oligarquización, y por tanto la transición política. A partir del alemanismo, la orientación ha sido de carácter oligarca, beneficiando invariablemente a las clases adineradas. Las administraciones subsiguientes a la de Miguel Alemán, han venido atentado en contra del Proyecto politico de 1917 y, por consiguiente, traicionado a las clases desposeídas. Todo ello con la complicidad previamente establecida para acceder al gobierno plutocrático. El primer ejemplo de la descomposición política se suscitó cuando Alemán le permitió al sindicato petrolero realizar obras o ser intermediario con las corporaciones privadas. Tal acontecimiento derivó en la corrupción, tanto del sindicato como de los directores, ambos responsables del destino de PEMEX. Esta situación duró hasta la llegada de Salinas de Gortari, para continuar con diferentes esquemas corruptivos.

El carecer de una oligarquía nacional, en cierto sentido ha causado el atraso del país; más aún por la necedad de instaurar la Doctrina Económica

---

[87]   Niblo, op. cit., p. 193

[88]   Mijares, La industrialización y el aparato administrativo, México, UNAM, FCPyS, tesis de licenciatura.

del Liberalismo. La misma propiedad pública administrada por el Estado es contraria al proyecto de tal doctrina. Por tanto, y como consecuencia lógica, el Estado Mexicano es un verdadero enredo. Así, en los últimos años, los principales dirigentes del PAN y PRI, junto con los funcionarios y los ricos erigidos en cada administración, se franquean unos a otros el dominio político, en especial las ganancias. En este arquetipo de plutocracia la norma es: "a mayor riqueza mayor poder", específicamente en México, donde siempre hay una lucha interna por los bienes de la nacion. De acuerdo con la anterior, De Tocqueville sostiene lo siguiente:

> Los ricos no sólo no están unidos con solidez entre sí, sino que puede decirse que no hay lazo verdadero entre el pobre y el rico...pues a cada instante el interés los une y los separa [...] El dueño de una fábrica no pide al obrero sino su trabajo, y éste no espera de aquél más que el salario [...] y no se hallan ligados de modo permanente por el hábito ni por el deber. La oligarquía que funda el negocio, jamás se consolida en medio de una población industrial que dirige, pues su objeto no es gobernarla, sólo servirse de ella. Una oligarquía así constituida [...] no sabe querer y no puede obrar.

1

Derivado del mismo boceto histórico, a finales de 1952 Adolfo Ruiz Cortines llegó a la presidencia de México, después de haber sido el responsable de la política interna, desde la Secretaría de Gobernación. "Don Adolfo", como le decían, era un político oriundo de Veracruz, lugar donde inició los tres años que estudiaría en el método de educación media, los cuales habría de consumarlos en Jalapa, capital del estado. Años más tarde se incorporó a las filas del Ejército Constitucionalista a las órdenes del general Treviño, y durante la Revolución Mexicana combatió en la *Batalla del Ébano*. Fue simpatizante de Francisco I. Madero; tras su muerte, luchó contra Victoriano Huerta. Ruiz Cortines desempeñó funciones de relevancia. Acompañó en su administración a los presidentes Lázaro Cárdenas, Manuel Ávila Camacho y Miguel Alemán. Su carrera política se desarrolló al lado de este último, primero como Secretario General de Gobierno, en Veracruz. Es nombrado gobernador de Veracruz en 1944, y designado titular de la cartera de Gobernación en 1948. Ruiz Cortines al igual que los posteriores presidentes, elegidos, nunca opacó a su mentor al cual respetó hasta el final. De ahí que a ningún presidente o gobernador se le haya hecho un juicio politico, a pesar de merecerlo un buen número de ellos.

Ruiz Cortines, ya situado dentro del éxodo rural y la modernización del país, admitió el giro progresista frente a la orientación más conservadora de sus dos inmediatos predecesores en el cargo. En su mandato, se instituyó el Patronato del Ahorro Nacional, se concertó avances en la reforma agraria, fundando el Seguro Agrícola Integral. Se extendió el impulso a la industria; mejoró la infraestructura a través de la obra pública, en especial en materia de carreteras y ferrocarriles. Asimismo, se inició la construcción de nuevos oleoductos, obteniendo importantes bríos para la electrificación del país; se dotó a la Ciudad de México de grandes avenidas, parques y jardines.

La educación pública fue potenciada; se concedió el voto a las mujeres. En su periodo se fundó, en la ciudad de Puebla, la organización porril "el Yunque", movimiento Universitario de Renovadora Orientación, como se le conocía al exterior de esa corriente. A partir de ese momento, se infiltró en las esferas de la dirigencia del PAN, los que una vez al arribar la presidencia de México, implantaron sus condiciones. Desde 1953, Ruiz Cortines, hasta su muerte ocurrida en Veracruz en 1973, conservó el gran prestigio de hombre pulcro, al tiempo de ser la autoridad republicana reconocida ampliamente.[89]

Por desgracia la mayoría de los presidentes continuaron reformado la Constitución. Ante tales ejemplos, se muestra cómo el órgano supremo del Estado Mexicano es difinitivamente la Institución Presidencial, donde casi ninguno de ellos jamás han sido cuestionados por el Poder Legislativo respecto a las reformas y decretos enviados para su aprobación. Para este periodo, la clase obrera, a través de sus organizaciones como la Confederación de Trabajadores de México (CTM), así como los partidos politico menores eran convocados por el gobierno. Es de esta forma como se llevó la concertación o alianza a toda costa y costo.

De acuerdo a la teoría política, es indudable el peligro de "reformar la constitución de un Estado", pues dichas modificaciones aceleran su fallecimiento prematuro. Sin embargo, es la clase oligarca (o los barones del

---

[89]   Don Adolfo Ruiz Cortines, un presidente moderado hasta en sus propuestas respecto a las reformas a la Constitución. En su sexenio únicamente se llevaron a cabo 2, una cantidad infima si se compara con su antecesor Miguel Alemán, quien la alteró en 20 ocasiones.

dinero) presionan para enmendar las leyes hasta conseguir arribar al poder como clase suprema.[90]

El régimen presidencial de carácter unipersonal permitió al responsable del Poder Ejecutivo en turno fuera ser dirigente máximo del partido político único, el cual, a través del PRI, se encargaba no sólo de nombrarlo, sino inclusive de legitimar al sucesor. Anterior a la gestión gubernamental de Ruiz Cortines, gran parte de los candidatos presidenciales había transitado por las Secretarías de la Defensa, o bien por la Secretaría de Gobernación. Tal experiencia los ayudaba a conocer el mosaico político y geográfico del país. Sin embargo, la excepción era Adolfo Ruiz Cortines: esta ocasión elegiría a Adolfo López Mateos, político cuyo cargo era la Secretaría del Trabajo. Al producirse el "destape electoral", venía por consiguiente la escisión entre quien eligió y el elegido. Esta era una práctica para continuar preservando el modelo presidencial mexicano.

2

Adolfo López Mateos era originario de Atizapán de Zaragoza, Estado de México. Nació el 26 de mayo de 1910. Cursó en medio de algunas complicaciones económicas la educación primaria (becado) en el Colegio Francés. Años más tarde, ingresó a la Escuela Nacional Preparatoria (1923). Para 1926 haría una estancia como interno en el Instituto Científico y Literario del Estado de México. López Mateos regresó a México en 1930 y se matriculó en la Escuela de Economía de la Universidad Nacional Autónoma de México, fundada por Daniel Cosío Villegas dentro de la Facultad de Jurisprudencia. Con una brillante tesis titulada Delitos en contra de la economía política, Adolfo López Mateos se recibió de abogado.

Dentro de su carrera política fue senador en la legislature, de 1946 a 1952, a la vez de representante de México en diversas reuniones internacionales. Formó parte del Comité de Propaganda en la campaña presidencial de Adolfo Ruiz Cortines; posteriormente, desempeño el encargo de Secretario General del Partido Revolucionario Institucional (PRI). En la administración de Ruiz Cortines, el elegido candidato ejerció el puesto de Secretario de Trabajo y Previsión Social, de 1952 a 1957; desde esa dependencia realizó importante labor dirigida a la protección de los trabajadores. En el curso de su campaña electoral declaró: "los

---

[90]   Maquiavelo, El Príncipe, México, Ed. Mexicanos Unidos, 2006.

derechos constitucionales que amparan a la clase trabajadora son para nosotros no solo una ley que cumplir, sino una bandera que enarbolar".[91] Uno de los primeros actos de López Mateos fue poner en libertad a los presos políticos heredados de su antecesor, entre ellos, Othón Salazar, Nicandro Mendoza, Jacinto López y otros más. La intención estribaba en librarse de los problemas del sexenio anterior, como usualmente se efectuaba.

López Mateos poco antes de iniciar su gestión recibió de manos de Demetrio Vallejo, dirigente sindical de los ferrocarrileros, el reporte donde resumía las debilidades y riesgos de la empresa pública de Ferrocarriles Nacionales. El documento mostraba los altos intereses de las firmas trasnacionales respecto a las bajas tarifas concesionadas, particularmente por Ferrocarriles del Pacífico a corporaciones privadas como: Consolidadoras de fletes y Documentadoras de Express, así como a Pacific Fruit Express, ambas de los Estados Unidos. Estas compañías eran, en cierta forma, las causantes de onerosas erogaciones del organismo público. Según el reporte, más de 20 millones de pesos anuales le costaban a Ferrocarriles del Pacífico tales concesiones. De igual modo, se denunció la corrupción de Benjamín Méndez, hijo del gerente de Ferrocarriles Nacionales de ese momento, por concepto de contratación de obras, pues se llevaba una comisión importante.[92] De hecho, tanto Demetrio Vallejo como Valentín Campa, entre otros dirigentes más, estuvieron encarcelados después del emplazamiento a huelga de los ferrocarrileros en 1958.

En este gobierno, las huelgas ferroviarias serían declaradas inexistentes, hubo paros escalonados, y ante la enérgica protesta por los fallos de la Junta Federal de Conciliación y Arbitraje, los trabajadores finalmente serían reprimidos. El 28 de marzo de 1960 a las veinte horas, entraron en acción las fuerzas militares, policía preventiva y secreta para tomar las instalaciones de ferrocarriles en todo el país, a la vez que detuvieron a cinco mil trabajadores. No solamente el esquema represivo militar se utilizó, sino también el gran mecanismo ideológico, donde el mensaje a través de la radio, televisión y prensa señalaba que la conducta de los ferrocarrileros obedecía a ideologías e intereses extraños a los de

---

[91]   Política, quince días de México y del Mundo, 1° de mayo de 1960, pp. 3-4.
[92]   Política, quince días de México y del Mundo, 1° de mayo de 1960, p. 5.

México, los cuales eran subversivos. Al mismo tiempo, México expulsó a los agregados de la embajada de la URSS.[93]

Como contraparte de estos mecanismos de dominación política y social, Adolfo López Mateos le dio un fuerte impulso a la educación pública. En su periodo presidencial se fundó el Instituto Nacional de Protección a la Infancia. Además, se fomentaron medidas tendientes a procurar mejoras sociales, fiscales y económicas. De la misma forma, se constituyó el Instituto de Seguridad y Servicios Sociales de los Trabajadores del Estado, ISSSTE; se procedió a la nacionalización de la industria eléctrica en 1960, consecuencia necesaria por lo dispuesto en la Carta Magna de 1917. En el mismo año, se reformó el párrafo sexto del artículo 27, donde se precisó sobre la generación, distribución y abastecimiento de la energía eléctrica, como una prestación y "monopolio del Estado". Se fundó la Comisión Nacional de Libros de Texto Gratuito. Se promovió la reforma de la Ley Federal Electoral, para conseguir mayor injerencia de partidos de oposición en el congreso.

En política exterior, se obtuvo la apertura diplomática con nuevos países; se impulsó a México para ser de los fundadores de la Asociación Latinoamericana de Libre Comercio (ALALC). Del mismo modo, se mantuvo el apoyo a Cuba a pesar de las presiones de Estados Unidos. En 1963, López Mateos tuvo la oportunidad de solucionar de forma favorable la disputa fronteriza de El Chamizal. En su gestión se le concedió a la Ciudad de México la anuencia para organizar la XIX edición de los Juegos Olímpicos, los cuales dejaron enorme deuda pública.

3

Paradójicamente, el abandono hacia la producción agraria continuaba. Adolfo López Mateos, sería distinguido y reconocido como "el presidente del pueblo" en el desarrollo de su mandato; no obstante, se prolongó la misma dinámica de indolencia hacia el campo. Además, se continuó desatendiendo el gasto público, y, por tanto, la intervención del Estado en la economía se iría reduciendo; con todo ese afanoso orden oligarca, aún no se terminaba de arruinar a la clase obrera y campesina, aunque sí se empezó a regular su participación. Por tales razones, los movimientos

---

[93]   Idem., p. 6. Demetrio Vallejo fue enviado a la Cárcel Preventiva del Distrito Federal, junto con otros sindicalistas ferrocarrileros.

sociales y sindicales retornaron. Uno de ellos fue el activismo de los ferrocarrileros, quienes con sus manifestaciones públicas causaron graves problemas políticos y sociales.

Las medidas políticas sobre los obreros tuvieron a su vez sus inconvenientes para los propietarios, pues se estableció un "salario mínimo". También se obligó a las empresas privadas al "reparto de utilidades" para los trabajadores. A pesar de todo, lo más delicado y quizás hasta ruin de esta administración, sería la de implantar el apartado "A" y "B" de la Constitución, con lo cual la Administración Pública Federal, la fraccionaron en dos, pues ya estaba anteriormente fragmentada con trabajadores de confianza y de base. Ahora, con esta toma de decisión, los trabajadores al servicio del Estado salieron ampliamente perjudicados, los resabios se pueden observar hasta la fecha. Hoy día hay servidores públicos de primera y segunda categoría.[94]

En el gobierno de López Mateos, con base en los recursos petroleros, se fundó la CONASUPO con la perspectiva de maniobrar productos básicos para poder abastecer a las clases desposeídas. Se incrementaron las actividades comerciales y agrícolas. Así también se introdujeron los Libros de Texto Gratuito para la educación primaria.

4

López Mateos designó al final de su periodo gubernamental a Gustavo Díaz Oraz como candidato a la presidencia. Quizás el último político mexicano en arribar a la Institución Presidencial. Díaz Ordaz nació en San Andrés Chalchicomula, Puebla, ahí inició sus estudios para continuarlos en Oaxaca y Jalisco. A los 26 años de edad se graduó en Leyes por el Colegio del Estado de Puebla. Desempeñó varios cargos públicos en su estado natal. Integrante del Poder Judicial en el Juzgado de Distrito en Puebla, antes de entrar a formar parte del Congreso Nacional, primero como diputado, en el periodo de 1943 a 1946, y después como senador, 1946 a 1952. Al inicio de su carrera fue director de asuntos jurídicos, posteriormente, oficial mayor y Secretario de Gobernación desde diciembre de 1958 hasta noviembre de 1963.

Díaz Ordaz, ya siendo responsable del Poder Ejecutivo, se apegó todavía más a la lealtad del modelo político mexicano al no modificar el

---

[94]   Mijares (1999), pp.168.

proyecto político y económico recibido de sus antecesores, por tanto, le dio continuidad a los programas. Aparte, promovió la educación, así como la ampliación del plan agrario integral con el objetivo de potenciar la infraestructura llevar a cabo obras de irrigación y electrificación en el país. En 1967 realizó un viaje a los países de Centroamérica, firmó diversos convenios de carácter económico y cultural. Ese mismo año, se pactó en la capital de la república, bajo su auspicio, el denominado Tratado de Tlatelolco, en donde habría de surgir el Organismo para la Proscripción de las Armas Nucleares en la América Latina y el Caribe (OPANAL). En su tercer informe, Díaz Ordaz dijo lo siguiente:

> Seguimos sosteniendo que el desarrollo no es un fin en sí mismo, sino un medio, un instrumento para mejorar las condiciones de vida de la población y no para reforzar los privilegios de unos cuantos. Esa es la teoría de la Revolución y a ella se ajustan nuestros actos [...] volvemos hacer hincapié en que el empresario no debe operar con un criterio exclusivo del lucro y la ganancia, sino que lo debe hacer con sentido de responsabilidad social. No discutamos el derecho de sus ganancias, pero estas deben ser razonables y no exageradas.[95]

A pesar de todo, preexistía un cúmulo de frustraciones sociales que terminaron por evidenciarse a finales de 1968; Díaz Ordaz no supo cómo atender los conflictos políticos y sociales. El movimiento estudiantil se manifestó exigiendo un avance en el desarrollo del país, un bienestar y movilidad social, pero no logró entender o, quizás, no supo razonar los postulados de esa circunstancia histórica.

Hasta el momento se ha recorrido el México del siglo XIX y parte del XX; sin embargo, en cada ciclo, en cada una de las centurias, siempre se localizó la misma miseria y desigualdad social. Es sorprendente cómo desde esa época se suscitaron un sinnúmero de levantamientos armados, incluyendo dos revoluciones. No obstante, el México continúa hoy día siendo un país carente de justicia social y desarrollo económico. A partir del primer tercio del siglo XX, la clase obrera comenzó a ser guiada por dirigentes quienes han utilizado el cobijo oficial, incluso manejando la "táctica fabiana", para solucionar sus peticiones mediante métodos de

---

[95]   Política, 14 de septiembre de 1967, p. 11.

coerción. Así también, los partidos politicos expresan defender a los trabajadores a través de principios democráticos, pero paradójicamente, no dejan de propalar discursos demagógicos estériles, sin importarles frenar la crisis recesiva para restaurar el poder adquisitivo de los trabajadores.[96]

El modelo oligarca de los gobiernos civiles ha administrado de forma contraria la Constitución Política de 1917. En el period sexenal de Gustavo Díaz Ordaz se admitió un ensamble de acciones con el proposito de continuar con "el proceso desarrollista del país". Sin embargo, tampoco fue capaz de obtener el progreso requerido. Los presidentes en turno continuaron alternando el esquema de la modernidad pero con el enfoque corporativista de la época virreinal. Los programas de apoyo agropecuario beneficiaron a la oligarquía terrateniente, en particular a los grandes ganaderos, salvaguardando así el modelo oligarca de la globalidad. A los ejidatarios y comuneros los siguieron invalidando, por tanto, la producción para el autoconsumo de éstos también se vió afectada.

Díaz Ordaz ejecutó su artero golpe tiránico al enfrentar una serie de huelgas estudiantiles, culminaron en los sangrientos sucesos de Tlatelolco, el 2 de octubre de 1968. Esto sucedió poco antes del inicio de los Juegos Olímpicos, cuya sede sería la Ciudad de México. El movimiento estudiantil puso a prueba al Estado Mexicano. Además, el "régimen presidencial", sustentado con su fortaleza de lealtades, demostraba su permanencia. Por lo anterior, tanto los obreros como campesinos, representados en sus confederaciones gremiales, se mantuvieron adheridas al gobierno en torno a la represión brutal. Lo mismo sucedió con la clase media no ilustrada: se mostró impasible frente a este suceso violento.

En el sexenio no se observaron movilizaciones sindicalistas ni campesinas; la oligarquía externa y mexicana continuaba sus proyectos de inversión y de ganancias; el escenario político reproducía aparente calma. Únicamente los médicos se pronunciaron para demandar sus viejas carencias. Así es cómo terminó el periodo de gobierno de Díaz Ordaz, quien de manera demagógica ordenó reducir a 18 años la edad para ser "ciudadano", sin importar su estado civil. La fórmula del endeudamiento externo sería la divisa, reafirmando con ello, la práctica consuetudinaria de

---

[96] Fabio Máximo Verrucoso (el Contemporizador) consiguió la rendición de un poderoso enemigo con tácticas de dilación y evitando las batallas decisivas. Con el tiempo, se crearon sociedades fabianas locales por toda Gran Bretaña afiliadas a la organización original. Fue fundada en Londres en 1884.

sus predecesores al asumir una deuda imperecedera. En la administración díazordacista, la deuda creció de nueva cuenta; junto con Brasil, sería una de las más altas. Este sería parte del gasto prodigo realizado en los Juegos Olímpicos de 1968.

Díaz Ordaz ya había elegido con antelación a Luis Echeverría candidato presidencial. Desde meses antes de lo indicado, los representantes sindicales, así como de los llamados "sectores del PRI", ya se entendían con el Secretario de Gobernación, siempre con la anuencia del Ejecutivo, situación todavía asombrosa en el modelo político mexicano. Con este sencillo hecho, ya se puede percibir el inicio de la decadencia del Estado Mexicano, cimentado en el régimen presidencial. Esta referencia es un laboratorio, pues en la gestión de Miguel de la Madrid se instituyó, por medio de este ultimo, la figura del "Gabinete", mecanismo contrario al régimen presidencial. La figura del gabinete corresponde al régimen parlamentario, mismo que está desde hace tiempo en la mente de muchos políticos de esencia oligarca.

5

Luis Echeverría es declarado candidato del PRI a la presidencia del país el 14 de diciembre de 1969. El discurso del aspirante a la silla presidencial no le gustó a la oligarquía extranjera ni tampoco a los ricos mexicanos, ya que se veían constantemente exhibidos por Echeverría en sus arengas. En su programa de acción electoral planteó la posibilidad de instaurar un desarrollo compartido.

Echeverría consiguió el triunfo anunciado en las elecciones del primero de julio de 1970, para, meses más tarde, tomar la protesta el primero de diciembre de ese mismo año. En su toma de posesión, reconoció el enorme rezago económico, agrario y social de México. De esa forma, el recién elegido trató de legitimar su gobierno, pero principalmente limpiar su imagen, después del descalabro acontecido en el conflicto estudiantil. Echeverría sería el primer tecnócrata cuyo desempeño burocrático lo llevó directamente a la primera magistratura del país, sin mayor mérito que los años de servicio y lealtad al modelo político.

Luis Echeverría Álvarez nació en la Ciudad de México. Estudió derecho en la Universidad Nacional Autónoma de México (UNAM), donde se licenció en 1945, año en el que también comenzó su carrera administrativa. Al salir de la universidad, es invitado como secretario particular del general Rodolfo Sánchez Taboada, expresidente del Partido

Nacional Revolucionario (PNR) y en ese momento Secretario de Prensa del PRI. A partir de 1954 desempeñó el cargo de oficial mayor de la Secretaría de Educación. Desde noviembre de 1963 ocupó, por primera vez, el puesto de Secretario de Gobernación, esto, durante la presidencia de Adolfo López Mateos. Así continuó ejerciendo funciones en la administración de Gustavo Díaz Ordaz.

Luis Echeverría, por razones innegables, intentó desarrollar su política progresista. Por tanto, planteó las bases para la apertura de una sociedad de escasa educación, alentando incluso la crítica informativa. En el transcurso de su gobierno llevó a la práctica una activa política exterior, reforzando y ampliando la presencia de México en todos los organismos y foros internacionales. En 1971, los terribles acontecimientos de represión en contra de los jóvenes estudiantes lo marcarían para siempre en su vida pública y privada. Los sucesos sangrientos tuvieron lugar el 10 de junio de 1971, día de la festividad de Corpus Christi. Tal atrocidad estuvo a cargo de unidades paramilitares, denominadas "Halcones", las cuales cometieron un sinfín de brutalidades: violentaron el orden público, destruyeron comercios, golpearon a innumerables personas; sin embargo, el peor acto criminal perpetrado por este grupo de provocadores tuvo lugar al asesinar a una gran cantidad universitarios, los cuales se manifestaban pacíficamente en apoyo a los alumnos de la Universidad Autónoma de Nuevo León.[97]

Díaz Ordaz como Luis Echeverría se condujeron en sus respectivas administraciones de forma arbitraria. En especial, en las matanzas cometidas a través de artes malévolas de desgobierno, cuyo vicio fue el desorden en su carácter más injusto. En este sentido, el sociólogo Max Weber justifíca sobre el monopolio legítimo de la violencia por parte del Estado. Lo cual es absurdo, pues pareciera como si los jóvenes masacrados hubieran realizado una acción bastarda. Por lo tanto, se reitera que la tiranía de uno, de pocos o de los muchos, resulta la negación absoluta de toda forma de gobierno.

---

[97] A finales de 1970, profesores y estudiantes de la Universidad Autónoma de Nuevo León presentaron una ley orgánica que proponía un gobierno paritario, y en marzo de 1971 llegó Héctor Ulises a la rectoría bajo esta nueva ley. El gobierno estatal, en desacuerdo, redujo drásticamente el presupuesto, lo que disgustó a los universitarios, y obligó al Consejo Universitario a aprobar un nuevo proyecto de ley que prácticamente suprimía la autonomía de la institución.

En 1974, Echeverría llevó a cabo una política exterior ardua. En ese año, México envió la propuesta a la Organización de las Naciones Unidas (ONU) para buscar la aprobación de la Carta de los Derechos y Deberes Económicos de los Estados, complementaria con la Declaración Universal de los Derechos Humanos de 1975. México participó en la creación del Sistema Económico Latinoamericano (SELA), organismo instituido para fomentar el desarrollo independiente de los países de Latinoamerica. El Ejecutivo mexicano pretendió con ello diversificar el comercio y las fuentes de tecnología así como los créditos. Echeverría, movido por ese deseo de ampliar su política externa, viajó a Japón, Canadá, Europa Occidental, la Unión Soviética y China Popular; más tarde iría, a Sudamérica; finalmente a África y a las naciones árabes además de la India.

Respecto a su política interior, con la finalidad de acallar la agitación estudiantil y de los brotes guerrilleros, intentó la renovación de las organizaciones políticas y sindicales, al mismo tiempo de ejecutar diversas nacionalizaciones. La primera es la del cobre, en 1971. Impulsó el desarrollo de los ejidos colectivos y el reparto masivo de tierras a los campesinos. Todo ello le atrajo la animadversión de la oligarquía terrateniente e industrial. En su administración se creó el Instituto Mexicano de Comercio Exterior (IMCE), y en 1975 instituyó las secretarías de Turismo y Reforma Agraria.

Echeverría se distinguió por su solidaridad a la causa de la República española. Asimismo se mostró condescendiente con los numerosos españoles radicados en México tras el exilio. Secundó de igual forma al régimen de asamblea en Cuba, con el que México mantuvo excelentes relaciones. Hizo lo propio con Salvador Allende en Chile. Después del asesinato de este último, abrió las puertas del país a los exiliados chilenos, los cuales escapaban de la dictadura del general Augusto Pinochet.

Las condiciones económicas empleadas por las grandes oligarquías a través de sus gobiernos, ejercen una suerte de presión hacia los países menos desarrollados, con el objetivo de que continúen con el modelo político y financiero impuesto por éstos. De esa manera, forzaron a la administración de Echeverría a devaluar el peso mexicano, lo cual provocó un gravísimo movimiento especulativo. La caída de la paridad de la moneda respecto al dólar llegó a niveles nunca conocidos.

Luis Echeverría tras abandonar la presidencia llegó a pertanecer al Comité Ejecutivo de la UNESCO (1977), además embajador mexicano itinerante entre 1977 y 1978. Aunque presentó su candidatura para obtener la Secretaría General de Naciones Unidas en 1981, al final se retiró para permitir la elección del peruano Javier Pérez de Cuéllar. En febrero de 1998 enfrentó a la comisión parlamentaria encargada de investigar los sucesos de Tlatelolco. Echeverría se adjudicó 40 reformas a la Constitución Política de 1917. Asimismo, redujo de 25 a 21 años la edad requerida para ser diputado. Acción absurda, pues en la actualidad estos jóvenes sin experiencia son un espectáculo denigrante dentro del Congreso de la Unión.

México tiene un fracaso agrario tras cumplir cerca de 50 años de mostrar un total abandono al ejido. La insuficiente atención hacia las demandas campesinas, aunada a la privatización de los ejidos, empeoran los problemas. El dilema se incrementó con la anulación de las tierras comunales condiciona que México tenga que importar alimentos básicos para abastecer el mercado interno. Tampoco la industrialización fue corregida. La exagerada protección del Estado Mexicano hacia los propietarios de las grandes compañías se continuó dando, ahora a través de los aranceles de importación. Lo más criminal de las administraciones actuales es el irresponsable subsidio de miles de millones de pesos destinados no únicamente a los partidos políticos, sino a todo lo que representa el gasto electoral, además de las instituciones creadas con ese fin, como el IFE, TRIFE o los institutos locales. Sin embargo, se dejó de subsidiar a los alimentos prioritarios; la tortilla la electricidad, entre otros, incluyendo la gasolina.

La protección hacia la llamada "pequeña propiedad" (oligarquía terrateniente) lleva una idea bienhechora, ya que los subsidios al campo son importantes. Sin embargo, los "oligarcas terratenientes mexicanos" continúan recibiendo apoyos pero sin evidenciar una satisfactoria tasa de productividad para conseguir la autosuficiencia alimentaria requerida. Al contrario, el estándar realizado exhibe rendimientos funestos al dejar estancada la economía agrícola, luego de que en la época del célebre "milagro mexicano", en cierta forma, las exportaciones agrícolas todavía eran capaces de conseguir divisas suficientes para financiar otros rubros de la economía, e incluso favorecer la importación industrial.

Asimismo, la posición estratégica de México, con enormes litorales en ambos océanos que lo bañan, se ha visto poco atendida como un medio para crear riqueza en esa área de producción debido a la falta de apoyo para la explotación pesquera.

Echeverría sería criticado por la plutocracia local y extranjera al utilizar el modelo económico "del populismo", en el cual la intervención del Estado es esencial para su desarrollo. Pero cuando la inversión de los privados es totalmente irracional, como históricamente sucede en México, dicha acción participativa puede ser válida. De ahí el porqué la Doctrina Económica del Liberalismo no haya encajado en México. El gasto público en el gobierno echeverrista represento un incentivo importante para salir de esa crisis, en donde el egreso se orientó más hacia la vivienda. Inclusive se creo el Instituto del Fondo Nacional de la Vivienda para los Trabajadores. La protección de la clase obrera resultó ser un aspecto primordial para incrementar el salario y, por tanto, el consumo; por ello, se instauró el Comité Nacional Mixto de Protección al Salario; el Fondo Nacional de Fomento y Garantía al Consumo de los Trabajadores y la Procuraduría Federal de la Defensa del Trabajo. Quizás para congratularse con los jóvenes agraviados del movimiento estudiantil, se instituyeron: el Colegio de Bachilleres; la Universidad Metropolitana; el Colegio de Ciencias y Humanidades y los Institutos Tecnológicos Regionales. El Consejo Nacional de Ciencias y Tecnología, además del Consejo de Fomento Educativo.

En tres años con Echeverría el gasto público se incrementó de manera significativa, pero la autollamada "iniciativa privada", conjuntamente con los oligarcas de capital externo, no invertía, pero sí lo seguían incriminando por la intervención del Estado Mexicano. Es precisamente esa oligarquía la que se encargó, al final de su administración, de lanzar todo tipo de críticas y descalificaciones para el presidente en turno. La mediocridad de la llamada clase media mexicana funge como el amplificador de las diatribas al régimen presidencial mexicano. Estas injurias elaboradas por la oligarquía causan terrible desconfianza en todo el ámbito político. La gestión de echeverrista cargó sobre sus hombros los siguientes espectros: a) un alto nivel de endeudamiento; b) impuestos adicionales a los artículos de lujo; c) un esquema de control de precios; d) semana laboral de 40 horas; e) una escala de salarios móvil y f) la expropiación a la oligarquía terrateniente en el estado de Sonora. Lo más grave se dió con la devaluación de la moneda al final de su periodo sexenal.

En México en todas las épocas una práctica habitual ha sido el de gobernar sin dinero propio. Acto patológico cuya salida son los préstamos por parte de la oligarquía financiera externa. México es una de las naciones más hipotecadas del planeta. En aproximadamente dos siglos, la deuda exterior e interior significa no solamente su dependencia económica, sino también el acorralamiento constante de los acreedores a la soberanía nacional. El endeudamiento y la decadencia del Estado Mexicano provocan cada día más la intromisión de los capitales trasnacionales.

En este periodo ya no había complicación, pues la clase obrera mexicana ya estaba sujeta a través de los controles burocráticos del conocido "charrismo sindical", así como de las asociaciones espurias. La lucha de los llamados "sindicatos independientes" no sería la solución para los trabajadores. Todavía al final del gobierno de Luis Echeverría, el personal del Sindicato Mexicano de Electricistas (SME), el de telefonistas (STRM) tenían la esperanza de por cumplidas sus demandas; sin embargo, el poder del Estado es inmenso y salvaje, más aún cuando la máxima autoridad del país tiene intereses contrarios a los de la clase trabajadora.

Carlos Tello Macías muestra un ejemplo de las diatribas lanzadas en contra de Luis Echeverría al adoptar medidas vergonzosas en sus últimos tres meses de gobierno. Según él, su política económica instrumentada a lo largo de los seis años significó un fracaso [98] Así también, señaló la crisis económica de su último año de administración, la cual, combinada con la sucesión presidencial, pudo haber desembocado en una agitación social. Al menos, los analistas políticos de esencia oligarca coinciden con lo expuesto por Tello en el párrafo anterior. La crítica general de estos "expertos" radicó en el estilo personal del presidente al gobernar, otros más argumentaron la participación del Estado en la economía, así como la perorata sobre su política económica equivocada. Como bien se puede observar, una cantidad considerable de teóricos o ideólogos se enfocan al aspecto económico, sin pensar en el gran deterioro de la forma de gobierno y su régimen presidencial, el cual se siguió estropeando.

El desenlace final mostró que la clase obrera, a pesar de haber sido la protagónica en el periodo gobernado por Echeverría, no continuó con las acciones reivindicatorias para su reposición de forma firme, pues los años perdidos nunca los recuperarían. Los obreros, a través de sus centrales, se dedicó básicamente a la petitoria salarial, sin lograr conciliar a la mayoría de los trabajadores con la oligarquía patronal con el objetivo de ser productivos en bien de la nación. Al menos, esa era la idea principal plasmada en la Carta Magna original. Lo mismso sucedió con la clase campesina, en donde la producción agrícola, pecuaria y pesquera se hubiera podido entrelazar con la inversión interna, para evitar la subordinación al propósito industrial controlado por el gran capital extranjero. Los jornaleros, se han centrado desde hace muchos años únicamente a defender la posesión del ejeido, conviertiendose

---

[98]   Carlos Tello Macías, Nexos, abril de 1978, pp. 8 - 10.

sus demandas a la postre en un conflicto eterno sin producir resultados satisfactorios con miras a obtener una autosuficiencia alimentaria. Tampoco se aprovechó el Sistema Alimentario Mexicano (SAM), en donde el gobierno de Echeverría planteó el nuevo desarrollo de la agricultura.[99]

Luis Echeverría dio la sorpresa en 1976 en la sucesión presidencial. Si bien se puede explicar que el mando unipersonal de la forma de gobierno en México tiene ventajas también lleva a un sinnúmero de quebrantos, todo depende de cual sea el interés de la máxima autoridad de este país. Al finalizar su gestión gubernamental, cuando todos los mexicanos esperaban al candidato natural en razón de la Secretaría de Gobernación, en donde despachaba Mario Moya Palencia, la decisión arrogante y arbitraria fue para José López Portillo, su amigo de infancia.

El ascenso de la tecnocracia precedido por Echeverría modificó el rumbo nacional de manera acelerada, hasta llevarlo a un conflicto de intereses familiares. Echeverría nunca respetó el documento de don Jesús Reyes Heroles en tanto a la Reforma Política, la cual tenía un propósito: encauzar el proceso modernizador de México. Las propuestas estaban dirigidas a abrir las alternativas de participación política, en especial al aspecto electoral de las diferentes corrientes de pensamiento ya presentes en el país. La otra sorpresa del Ejecutivo la dio al dejar fuera la sabiduría y experiencia de Jesús Reyes Heroles hombre político e intelectual.

En este periodo de la vida nacional se suscitó el hostigamiento del imperialismo norteamericano a través de su garante de alianzas oligarcas: Henry Alfred Kissinger, un político germano-estadounidense judío que tuvo una gran influencia sobre la política internacional. Fue Secretario de Estado del Presidente Richard Nixon, encargado de delinear la transición política en México desde ese entonces. Asimismo, se presentó la presión intelectual de los nuevos ideólogos oligarcas angloamericanos, al estilo de Samuel Phillips Huntington, politólogo y profesor de Ciencias Políticas en el Eaton College y Director del Instituto John M. Olin de Estudios Estratégicos de la Universidad de Harvard, propusieron su nuevo orden político a partir de las transiciones políticas, sobre todo en la mayoría de los países de Latinoamérica.

José López Portillo fue el único candidato registrado; el PAN se había abstenido de presentar uno a la presidencia, por tanto ganó las elecciones con el 90.63% de votos. Ante tales condiciones ideológicas, respaldadas

---

[99] Nexos, 32, agosto de 1980.

desde Washington se evaporó la clase política mexicana, la cual hasta el día de hoy no se ha podido levantar.

6

José López Portillo nació el 16 de junio de 1920 en la Ciudad de México, en el seno de una familia de destacados intelectuales, como su abuelo José López Portillo y Rojas, eminente escritor y político en el porfiriato. Asimismo, su padre fue un excelente político y jurista. El ahora candidato, cursó estudios superiores de Derecho en la Universidad de Chile y en la Universidad Nacional Autónoma de México (UNAM). Escritor, profesor universitario y abogado de éxito, ingresó en la Administración Pública Federal en 1959 desempeñando varios cargos. En la administración de Luis Echeverría Álvarez ejerció la función de Secretario de Hacienda y Crédito Público, donde se propuso reformar la estructura tributaria en México, e incrementó de forma sustancial los ingresos del gobierno. El 22 de septiembre de 1975 a las 17:34 horas, el flamante Secretario de Hacienda, José López Portillo, recibió en su oficina al líder de la CTM, Fidel Velázquez, que de forma pública expresó:

> Señor licenciado José López portillo: los sectores obreros organizados del país y los integrantes del Congreso del Trabajo han tomado la resolución de postularlo a usted como candidato a la Presidencia de la República por el ejercicio 1976 -1982. Tenemos confianza en que usted llevará, si quiere, al país al ritmo que ha sabido llevarlo el presidente Echeverría.[100]

La pobreza y riqueza extremas, lo mismo que la desigualdad social de siempre, provocan desenfrenos. En especial, cuando se llega a romper el equilibrio republicano, como en el caso mexicano. El de una

---

[100] Proceso, 27 de noviembre 1976, pp. 10-11. Este tipo de "líderes obreros" fueron los que llevaron al caos a la clase trabajadora. Gamboa Pascoe, un abogado de profesión, fue designado sucesor de Jesús Yuren, uno de los "siete lobitos", al frente de la Federación de Trabajadores del D.F. era golfista y cazador por afición, un adinerado acusado de "saca dólares" e involucrado en el contrabando dentro del Aeropuerto Internacional.

subversion popular ante las vejaciones del Estado indefectiblemente son los pobres, pues ante una coyuntura económica, siendo muchos, les dé por levantarse en armas. López Portillo al cruzarse la banda presidencial, de forma demagógica les pidió perdón a "los marginados", porque, según él, en México poco o nada se había hecho para cumplir sus justas reivindicaciones. Portillo dio a conocer por medio de los diarios quiénes serían los secretarios de estado: en Gobernación, Jesús Reyes Heroles; Secretario de la Presidencia, Carlos Tello Macías, Hacienda, Julio Rodolfo Moctezuma Cid; Patrimonio, José Andrés Oteyza; Comunicaciones, Emilio Mújica Montoya; Agricultura, Francisco Merino Rabago; Reforma Agraria, Jorge Rojo Lugo; Turismo, Guillermo Rosell de la Lama; Industria y Comercio, Fernando Solana Morales; Educación Pública, Porfirio Muñoz Ledo y Marina, Ricardo Cházaro Lara.

López Portillo estuvo marcado por sus intentos de aprovechar los inmensos recursos petroleros de México, así como obtener una mayor independencia económica respecto a la oligarquía de los Estados Unidos. Promovió la denominada Alianza para la Producción, promulgó la Ley de amnistía política. En política internacional, restableció relaciones diplomáticas con España; convocó la importante reunión Norte-Sur. Además, presentó ante la ONU el Plan Mundial de Recursos Energéticos. También propuso a la Cámara de Diputados, vía mandato, incrementar el número de integrantes a 400, donde al menos 100 debían pertenecer a partidos de oposición. De este modo, según él, se logró mayor grado de exposición a las demandas de los partidos pequeños, y no sólo las del PRI, que había dominado la vida política en el Congreso desde 1929. Empero, en 1982, él y su gobierno perdieron notoriedad debido a las corruptelas, y por la enorme deuda exterior, contraída a través de los fuertes préstamos internacionales.

Ante tales vicisitudes, la última medida emergente de su gestión sería la de devaluar del peso. En especial la protección de los banqueros al nacionalizar la banca, al respaldar con dinero público la ominosa deuda privada de la oligarquía financiera nacional, para después endosarla al pueblo mexicano. Todo esto estuvo inducido por Washington, dentro de su estrategia de reciclamiento de dólares con los préstamos hacia los bancos privados. Por ello, al nacionalizar la banca mexicana, la oligarquía financiera de los Estados Unidos nunca censuró a México, ni tampoco lo atacó de socialismo o populismo, pues las decisiones del presidente en turno les han asegurado los pagos de la deuda privada, transfiriéndola a la población.

José López Portillo dejó amplio resentimiento en los habitante, por su deshonesta conducta pública y privada. En particular en aquellos que todavía veían en la figura presidencial una imagen de respeto y de autoridad política. Uno de los inconvenientes de López Portillo radicó en el enorme influjo de Luis Echevarría sobre él, específicamente en los primeros años de su administración. Algo así como una corrupción ejercida por el poder sobre el hombre. Un tipo de "maximato subjetivo". Otro de los gazapos de López Portillo fue el incluir en su administración a Arturo Durazo, el cual junto con Luis Echevarría y López Portillo, de jóvenes integraban la "pandilla de la colonia Del Valle".

El caso de Arturo Durazo, alias "El Negro", es aterrador, pues desde Echeverría, fungió de Comisionado en el Aeropuerto Internacional de México, en donde se convirtió en el eje de operaciones de narcóticos hacia Estados Unidos.[101] De ese encargo, López Portillo lo llevó a su campaña electoral para posteriormente nombrarlo, ya en su administración, Director de Policía y Tránsito del Distrito Federal, ahí realizó todo tipo de fechorías, siempre protegido por la presidencia. Con este ejemplo se puede demostrar la corrupción política existente desde el alemanismo.

López Portillo utilizó de forma cínica la elocuencia, pero sobre todo mezcló lo público con lo privado. La devoción del pueblo por el presidente de México se continuaba perdiendo, ahora por todas las clases sociales. El periodo clave para el desgaste del régimen presidencial, pues, de igual modo, algunos intelectuales irresponsables empezaron a erosionar la Institución cada vez más intensa, confundiéndola con el hombre.

La historia sí puede juzgar e incluso condenar a José López Portillo; éste no actuó por ignorancia respecto del petróleo (su padre, José Portillo y Weber, escribió todo un tratado sobre este recurso energético). La estrategia económica la fincó en una total dependencia hacia un proyecto exportador de dicha materia prima no renovable. Acontecimiento importante en las finanzas públicas, de forma especial para el desarrollo político, económico y social de la nación. Pero ese no es el inconveniente, el problema de México se define con una sola palabra: corrupción. De ahí emerge el deseo cruel de los últimos representantes del Poder Ejecutivo para modificar la Constitución Política de los Estados Unidos Mexicanos.

Es recurrente la discusión en torno al enorme interés de la oligarquía petrolera sobre los energéticos de México, lo cual no es nuevo. En 1940,

---

[101]   Proceso, 9 de julio de 1984.

Manuel Ávila Camacho mandó reformar el artículo 27 con la idea de expedir concesiones a las empresas privadas extranjeras. En 1960 se volvió a la carga con la perspectiva de seguir alterando las leyes; la intención sigue siendo prolongar la tendencia, de aceptar la privatización de lo público.

En este periodo, con la política petrolera en bonanza, con altos precios y otras en completa baja, sobre todo vulnerable ante el mercado internacional, e incluso ante la misma Organización de Países Exportadores de Petróleo (OPEP). Al término del sexenio, Pemex enfrentó la crisis respect a sus activos (para finales de 1981 debía más del 80% de estos) como pocas ocasiones le había ocurrido. El scenario se repetía: la paraestatal era victima del saqueo histórico. Cabe destacar, sin embargo, que a pesar de lo expuesto con anterioridad, Pemex es una empresa cuyos gobiernos buscan hacerla competitiva, aunque siempre apegados a la política petrolera de las Compañias Nortemericanas, dejando de lado los intereses de la nación.

La OPEP es una organización internacional ocupada en coordinar las políticas relativas al petróleo, las cuales se encuentran programadas por los estados que la integran. Esta se fundó en 1960, y en la actualidad se compone por los siguientes países: Arabia Saud;, Argelia; Emiratos Árabes Unidos; Indonesia; Irak; Irán; Kuwait; Libia; Nigeria; Qatar y Venezuela. Entre todos ellos, suministran más del 40% del petróleo mundial, además poseen cerca del 78% de las reservas de crudo del planeta. Ecuador también perteneció a la OPEP, se incorporó en 1973, pero la abandonó en 1992. La sede se encuentra en Viena, Austria, desde 1965. No todos los países productores de crudo se hallan dentro de la OPEP; algunos, como Estados Unidos o Gran Bretaña, decidieron no vender su petróleo a través de esa organización. Actualmente, México, Rusia y Noruega, esporádicamente colaboran en alineación para subir los precios.

Otro episodio inmoral e histórico corresponde al rescate de las empresas privadas administradas por mexicanos. El patrón es sencillo: saneadas sus deudas, "los presidentes en turno las retornan a sus amigos en turno"; no importa si son expertos en el ramo o no. En la gestión de López Portillo se incrementó el porcentaje de nuevas empresas públicas, específicamente de todas aquellas quebradas por los propietarios mexicanos. Con el esquema de la quiebra, se ejecutó todo un proyecto de negocios; el pretexto siempre estribó en salvar la generación de empleos.

Son conocidos los ejemplos de la Compañía Mexicana de Aviación, Ruta 100, entre otras más que como es común en estos casos, estaban con serios problemas económicos y técnicos. Tal acontecimiento anómalo parece ser ajeno a la opinión pública local, mas no para la parcialidad ilustrada, aunque tampoco se pueda hacer mucho al respecto.

En la administración pública de Portillo es escandalosa la duplicidad de la deuda externa. Llegó a un total de 60 mil millones de pesos en 1982, sucediendo lo mismo con la privada, ésta ascendió a 100 millones de dólares. A los privados mexicanos el compromiso de sus deudas no les preocupa, pues siempre serán rescatados por el Ejecutivo en turno. La política de endeudamiento público determina que invariablemente esta se vea reflejada en el cobro de impuestos, como ocurre todo el tiempo, sin poder detenerla. Al contrario, el mismo Poder Legislativo se ha prestado para incrementar el aprovechamiento sexenal. Por tal motivo, se acrecentaron los gravámenes en: energía eléctrica; tabacos; gasolina así como los productos derivados del petróleo, entre otros más.

López Portillo si bien carecía de la formación política, la mayoría de las veces trató de actuar como político mediante un romanticismo frívolo. Lo anterior hizo que una buena parte de la población mantuviera la esperanza en él, pues utilizó la elocuencia en forma dramática. En su gestión se constituyó la Secretaría de Programación y Presupuesto, con la justificación de evaluar los resultados de su mandato, duplicando así algunas funciones de la Secretaría de Hacienda, así como de la Secretaría de Fomento Industrial y de Comercio. La constante parte de ese esquema: abultar el aparato administrativo en lugar de reducirlo para hacerlo más ágil. La Reforma Administrativa resultó un fiasco, los programas generales diseñados por las distintas dependencias quedaron únicamente en tinta y papel. Ese trastocamiento condujo de forma contraria al esquema posmoderno de los países desarrollados, quienes desde hace tiempo están utilizando la "reingeniería" para eliminar procesos, con el objetivo de "adelgazar el aparato administrativo". Tales acciones manifiestan las grandes contradicciones de los presidentes tecnócratas, debido a la enorme impericia política, económica y administrativa de éstos para llevar a buen término a la nación.

Los encargados del Poder Ejecutivo, en ciertos periodos, utilizaron ambiguamente el modelo económico del liberalismo, y en otros, esgrimiendo la intervención del Estado. Tal suceso ejemplifica la impotencia de las administraciones de los civiles, desde 1946. En esto se demuestra cómo se dió el abandono de la forma de gobierno republicana, para continuar instaurando uno de carácter oligarca. Lo anterior se exhibe con hechos patentes. Son los oligarcas financieros, industriales, comerciales y terratenientes quienes, con su gran influjo, continúan corrompiendo los principios de la Constitución. Un país materialmente secuestrado, pero no por la clase oligarca, sino por un grupo de familias ligadas a la corrupción política; ahora México se muestra en esencia cómo un gobierno de tiranía de los pocos, quienes saltaron al poder para cambiar el rumbo de la nación.

Es frecuente encontrar estudios donde se vislumbra la transición política en México. El gran equívoco de todos estos estriba en pensar que dicha mutación será a la democracia. Tal aseveración es falsa, además de demagógica, pues pretenden confundir la oligarquía con la democracia. Con tales afirmaciones eliminan toda posibilidad de compresión del mexicano promedio.[102] La apertura comercial a través de los tratados de libre comercio, la reforma electoral, hasta la reforma administrativa, han sido simples coartadas por parte de los gobernantes en turno, justificándolas por medio de los aparatos ideológicos del Estado, afirmando que el reformar la constitución es la manera adecuada de modernizarlo. Pero, más bien, es la defense perfecta para corromper al modelo político mexicano, y así llevarlo hacia una transición política a favor de la oligarquía.

Al finalizar su periodo sexenal de López Portillo, los mexicanos aún no sabían en dónde estaba la riqueza prometida, pues, en febrero de 1982, México ya se encontraba en quiebra y sin reservas monetarias. Además con un incremento en la deuda pública, que ya de suyo siempre es impagable. Lo anterior fue el reflejo de la irresponsabilidad en el manejo de las finanzas, mismas que tardaron en manifestar su impacto. Por ello, la economía se fue en picada, produciendo efectos materialmente decisivos. A tres meses de terminar su mandato, en plena nacionalización bancaria, cientos de ricos mexicanos presionaron de mil formas para conseguir dólares. Según Carlos Tello, entre los sacadólares se hallaban visibles personajes desde: Manuel de Jesús Cloutier, Vicente Fox Quesada y Jacobo Zabludovky, entre otros más.

---

[102] Véase el trabajo de Jaime F. Cárdenas, Transición política y reforma constitucional en México, México, UNAM, 1996. En el prólogo, Alfonso Lujambio, Director de la Licenciatura en Ciencia Política del ITAM, hace una aseveración irreflexiva, al decir que este país va hacia una "transición democrática". Postulación contraria a la tesis que aquí se sostiene, pues en esta se expone que la transición en México es oligarca, mas no democrática.

Todavía en este periodo, el régimen presidencial mexicano se prestaba para la designación unipersonal del nuevo candidato en forma sencilla: el modelo de conquista y conservación del poder aún permanecía vigente. La decisión del presidente Portillo, avalada por el partido institucional, favoreció a Miguel de la Madrid Hurtado, originario de Colima, quien realizó sus estudios de derecho en la Universidad Nacional Autónoma de México y de Administración Pública en Harvard. En el gobierno de su antecesor, José López Portillo, estuvo como Secretario de Programación y Presupuesto. En 1981 fue nombrado candidato del Partido Revolucionario Institucional (PRI) en el desarrollo de su campaña electoral manejó un discurso demagogico buscando ser aceptado para después plasmarlo en programas como: 1.- Renovación moral, 2.- Descentralización de la vida nacional, 3.- Desarrollo, empleo y combate a la inflación, 4.-Planeación democrática, 5.- Democratización integral y 6.- Nacionalismo revolucionario. Sin embargo, ya elegido presidente en 1982, su objetivo principal estuvo encaminado a "la reordenación económica y el cambio estructural" a través del Programa Inmediato de Reordenación Económica (PIRE), degradando los demás puntos de las propuestas.

Todo ello sucedió dentro de la dramática disminución de los precios del petróleo, la única carta económica de México por más de una centuria. El desplome internacional de las cotizaciones del crudo marcó al sexenio de De la Madrid, quien como tecnócrata señaló:

> Planear es el objetivo y el instrumento para moderar la miseria y la opulencia, eso llevará al país a contar con una sociedad más igualitaria. Un México moderno, donde modernizar es borrar todo vestigio de marginación social; distribuir equitativamente la riqueza nacional, la educación y la cultura; hacer el derecho al trabajo y ensanchar la igualdad de oportunidades; asegurar y ampliar las subsistencias populares, racionalizar los comportamientos públicos y privados, acrecentar todos los órdenes de la participación popular, afirmar la soberanía al fortalecer nuestra capacidad interna de autodeterminación y refirmar diariamente nuestra independencia en la comunidad internacional.[103]

---

[103] Nexos, p. 11. Discurso en Monterrey, Nuevo León, 5 de noviembre de 1981. Una perorata demagógica e insulsa, digna de un hombre que no sabía nada de política.

De la Madrid, en su propuesta de modernización, únicamente puso en práctica algunas acciones de la Doctrina Económica del Liberalismo, con algunos ajustes, asignandola como "neoliberalismo". El problema consistió en ejecutar tales acciones dentro de un Estado Mexicano, cuya intervención, por antonomasia, es esencial en la economía tal como se ha indicado en los ciclos políticos precedentes. Acorde con lo anterior, es factible aducir que la corriente privatizadora es un lastre que frena el escaso ritmo de desarrollo, el cual se da en razón al gasto público. Esta ha sido la justificación para ir zanjando a México en su afán de acceder a la transición política, pues aún les incomoda a los oligarcas los artículos 27 y 123 de la carta queretana de 1917.[104]

El inconveniente aquí es cómo resolver tal incongruencia; desde cualquier punto de vista, la tan anunciada transición resulta ser un acontecimiento portentoso y contradictorio: pues, no obstante, se está llevando a cabo, aunque de forma pacífica a través de las reformas constitucionales. Por tanto, los efectos de la transición estará únicamente a favor de la clase propietaria.

Miguel de la Madrid asumió en su mandato las dificultades económicas heredadas de la administración anterior, renegociando la deuda externa en conjunto y aplicando el plan de austeridad en el gasto. El presidente intentó con ello evitar la corrupción en los cargos públicos. Mientras tanto, la deuda externa de la banca comercial mexicana se elevó a 10 mil 403 millones de dólares, 30% superior a la registrada en agosto de 1982, al nacionalizarse la Banca.[105] Del mismo modo, los préstamos de los Bancos extranjeros (de la Sociedad de Crédito, incluyendo al Citibank y al Banco Obrero) ascendieron a un 1 billón 81 mil 680 millones de pesos. Tales acciones fueron reportadas por la Comisión Nacional Bancaria y de Seguros. Los datos se manejaron enseguida de que Jesús Silva Herzog, Secretario de Hacienda y Crédito Público (SHCP), expusiera: "La banca

---

[104] David Ibarra, "Urgencias de la Transición", Nexos 216, México, diciembre de 1995, p.7. En otro artículo Antonio Santiago Becerra, "Negociación para la Reforma", Idem, p. 21. Señala que: 'las transiciones se gestan precisamente porque se desea eliminar las condiciones insoportables, por vía de las reformas'. Asimismo, Enrique Quintana, la transición incierta, Nexos, agosto de 1995, Luis Salazar, El PRI y la transición a la democracia, Nexos 214, octubre de 1995.

[105] La Jornada, 4 de noviembre de 1984, primera plana. Datos de la Secretaría de Hacienda y Crédito Público.

nacionalizada seguirá siendo eje central de la actividad financiera del país". La afirmación la realizó dentro del aniversario de la Bolsa Mexicana de Valores.[106] El mismo secretario de SHCP calificó de "muy crítico" el momento, pues ya se estudiaba la suspensión de pagos cuando la economía mexicana había sufrido tremendo golpe por la caída del petróleo. Silva Herzog renunció en este tiempo debido a las discrepancias con el llamado "Gabinete Económico".

Las presiones por nacionalizar la banca fueron constantes por parte de algunos grupos de la oligarquía financiera, azuzados por el Secretario de Programación y Presupuesto, así como por Carlos Salinas de Gortari. Este ultimo, finalmente recomendó al presidente resolver el problema bancario. En este sentido, Salinas, apeló a la incautación de los bancos, lo cual acarreaba desconfianza en los inversionistas. Los bancos eran los mismos de diez años antes, cuando el Estado Mexicano se había encargado de salvarlos de la quiebra. Si bien la nacionalización bancaria la realizó López Portillo, la ardua tarea para su ejecución quedó en manos de Miguel de la Madrid. De ahí el desánimo de gran parte de la población mexicana.

De la Madrid visitó varios países de américa latina en 1984 proponiendo una posible homogenneización de criterios en cooperación económica y la renegociación de la deuda externa. Expuso su tesis ante el Grupo Contadora, provocando amplio recelo en los oligarcas financieros de Estados Unidos. Miguel de la Madrid continuó trastocando la constitución; con tales modificaciones se consolidaron las iniciativas partidistas, ahondando así el quebranto del país. La excusa para las reformas constitucionales fue la "renovación moral", para, según él, detener la corrupción. La propuesta fracasó, aun con la Ley de Responsabilidades de los Servidores Públicos.

El régimen presidencial mexicano lo continuaron fragmentando los gobernantes. El 3 de febrero de 1983 se reformó el artículo 115 constitucional, con el objetivo de proporcionar un nuevo contenido al municipio libre. Con la modificación se implantó la facultad de los ayuntamientos, esto con la pretension de administrarse de forma más independiente, evitando, conforme a la propuesta, la intromisión de los gobiernos estatales en los asuntos del municipio. Con De la Madrid, se llegó a poseer el récord de menor crecimiento económico nacional, cuya

---

[106]   La jornada, sábado 22 de diciembre de 1984, p. 1.

cifra sería de tan sólo 0.2%. Ello tuvo efectos de desestabilización además de una deuda interna y externa histórica.

Fidel Velázquez, dirigente de la Confederación de Trabajadores de México (CTM), como encubridor de los gobiernos priistas, declaró ante los medios de información: "A dos años de la administración del presidente De la Madrid, no hay problemas agudos de carácter social, nos sentimos satisfechos de su actuación."[107] En esta fecha, el presidente asistió a la Convención del Sindicato de Trabajadores Petroleros, en donde calificó al gremio petrolero de: "Un grupo patriota y nacionalista."

Justo después de la aseveración del presidente, el informe del Departamento del Tesoro de Estados Unidos anunció cómo empresarios, políticos, banqueros, funcionarios e integrantes de la nueva oligarquía mexicana, sacaron del país 55 mil millones de dólares en los últimos diez años. Los métodos de la fuga de capitales se realizaron a través de transferencias monetarias interbancarias, en empresas como American Express, Merryll Lynch y W. Lloyd and Associates.

La oligarquía industrial de Estados Unidos invirtió en esta época en maquiladoras, las cuales se extendieron en la frontera norte de México, particularmente en el estado de Chihuahua. El compromiso del gran capital era bueno: se crearon cerca de 250 mil empleos. A pesar de ello, los sindicatos independientes de obreros iniciaron movilizaciones para presionar a los empleadores. Mientras tanto, los gobiernos, en sus tres niveles, mostraron su incapacidad para concertar con la clase trabajadora.[108] Tal inversión dejó de arribar al país, en donde el federal tampoco supo retener o incentivar a los inversionistas, los cuales emigraron hacia China. En tanto esto sucedía, en la Sierra Tarahumara continuaba la pobreza con elevados índices de tuberculosis y violencia: una región utilizada por el partido oficial, quien mediante la Secretaría de la Reforma Agraria controlaba sus intereses electorales a través de paliativos.

De la Madrid, fue obligado a ingresar al Acuerdo General sobre Aranceles y Comercio (GATT). En 1988, los noventa y seis países afiliados a dicha organización acapararon la mayor parte del comercio internacional. Todos ellos pertenecían al GATT, mientras otros tenían acuerdos particulares, incluyendo adhesiones de facto al tratado. La octava conferencia arancelaria, denominada Ronda Uruguay, inició el 15

---

[107]   La Jornada, 1° de diciembre de 1984, p.2.

[108]   La Jornada, 4 de diciembre de 1984, p. 1.

de septiembre de 1986 y finalizó el 15 de diciembre de 1993. El convenio incluía la sustitución del GATT por la Organización Mundial del Comercio (OMC), a partir del primero de enero de 1995. Al ingresar México a ese organismo, quedó al descubierto su incapacidad productiva y competitiva. Era de entender, ya que México posee una industrialización simulada, como todo lo que sucede en él. La apertura comercial fue funesta por lo indiscriminada. Finalmente, México no supo preservarse ante la práctica competitiva del libre comercio.

La complicación económica al interior obligó a Miguel de la Madrid a poner en marcha, en enero de 1985, el Programa de Abasto Popular, cuyo costo sería de 9 mil 405 millones de pesos; este plan fue establecido con el propósito de proteger los niveles de vida de las clases rural y urbana más necesitadas. En este mes, y como elemental paliativo del responsable del Poder Ejecutivo, le dio la orden a la Secretaría de Agricultura y Recursos Hidráulicos para desconcentrar organismos como: El Centro Nacional de Investigaciones Agrarias, asentado en el estado de Morelos; la Comisión Nacional de Zonas Áridas, a Coahuila; Productora Nacional de Semillas al estado de Puebla; Comisión Nacional de Fruticultura a Querétaro y Promotora del Maguey y Nopal al Estado de México.

El descuido del campo forzó al gobierno, en febrero de 1985, a importar 4 millones de toneladas de grano, principalmente oleaginosas; maíz, sorgo, frijol, trigo y otros granos básicos. En esa misma época, el federal retiró los subsidios al llamado "sector privado", ofrecidos a través de la Compañía Nacional de Subsistencias Populares, CONASUPO; la intención era regular el mercado.[109]

De la Madrid, dentro de su plan económico de austeridad, le vendió 336 empresas publicas a los privados. La justificación estuvo sustentada en obtener los 150 mil millones de pesos para pagar los intereses de la deuda externa, y así adquirir la confianza de la oligarquía financiera, externa e interna. Al mismo tiempo de la acción privatizadora, dentro de la administración pública central, se inhabilitaron cientos de plazas de personal de confianza. Según información del Banco de México, la inflación llegó al 7.4%, así como el incremento en los precios de los productos básicos. Salinas de Gortari, Secretario de Programación y Presupuesto, salió al paso y aseveró ante los medios de comunicación que: "La rectoría del Estado, no sería afectada con la venta de empresas públicas, y menos

---

[109]   La Jornada, viernes 1° de febrero de 1985, primera plana.

porque se deje de producir agua mineral, vajillas, porcelanas o casimires."
Ese sería el preámbulo del plan salinista en donde materialmente evaporó
al sector paraestatal.

Héctor Hernández, Secretario de Comercio y Fomento Industrial,
sostuvó en nombre del presidente de México: "el gobierno mexicano
autoriza el establecimiento de empresas mayoritarias o totalmente
extranjeras en el país". La coartada partió de la necesidad de inversión
foránea, así como su aportación a la innovación tecnológica.[110] De la
Madrid, poco a poco, estaba cerrando el círculo para eliminar el modelo
politico, económico y social mexicano, cuyo desgaste se venía asimilando
desde 1940. Tales acontecimientos ocurrían precisamente cuando el
miércoles 20 de marzo de 1985, en Denver, Colorado, fallecía Don Jesús
Reyes Heroles, Secretario de Educación: moría el hombre catalogado como
el ideólogo de la Revolución Mexicana y defensor de la separación de
Iglesia- Estado, además de pugnar por el laicismo en la enseñanza.

A pesar de las dificultades tanto económicas como financieras de la
inflación galopante, la venta de las empresas del Estado el desempleo y la
fuga de divisas el Congreso del Trabajo organizó el desfile del "Primero de
Mayo", con la asistencia de un millón y medio de obreros. En el recorrido,
la clase obrera, al atravesar por el Zócalo, frente a Palacio Nacional, veía
cómo sus dirigentes se codeaban en el balcón presidencial con el titular
del Ejecutivo y sus secretarios. Todos ellos estuvieron las cuatro horas y
media disfrutando del apoyo de los trabajadores mexicanos, quienes
lanzaban vivas a Miguel de la Madrid.[111] Ante tal solidaridad por parte de
la clase trabajadora, a la semana siguiente, la Secretaría de la Contraloría
anunció que nuevamente las deudas de las paraestatales serían absorbidas
por el gobierno. Según la propaganda de éste, tal determinación era para
mejorar sus acciones de productividad. Sólo que dicho pago de pasivos lo
sufragarían todos los mexicanos en edad productiva vía impuestos. Este es
el tipo de situaciones de que la extensa población mexicana nunca se ha
indignado, y mucho menos rechazado, aquí están los hechos reales que lo
demuestran en estricto sentido.

La política económica en el quinto año de la administración de Miguel
de la Madrid dio como resultado se comprimiera la demanda nacional y
se derrumbara la inversión, e incluso, se contuviera el gasto público. Al

---

[110] La Jornada, 18 de febrero de 1985, primera plana.

[111] La Jornada, 2 de mayo de 1985, pp. 1,2.

mismo tiempo, los salarios reales se redujeron. La prioridad era transferir los recursos al exterior en una deuda externa cada vez monstruosa. Todo esto contribuyó a prolongar la recesión e incrementar la inflación, la cual llegó hasta el 126%. La respuesta pública del Ejecutivo en turno fue: "la crisis se convirtió en la oportunidad de renovación, para así brindarle a la nación vigor y fuerza, por tanto no debemos de preocuparnos de los peligros advertidos".[112] Tal réplica era un ejercicio de simulación y de engaño, de los muchos sufridos por los mexicanos.

En ese mismo periodo sexenal, el Ejecutivo mandó quebrantar Diesel Nacional (DINA) y DINA COMMINS, industria nacional de camiones de carga y pasajeros ubicada en Ciudad Sahagún, Hidalgo. Tal acción dejó un pueblo fantasma en esa zona. La presión de las organizaciones patronales continuaba. Bernardo Ardavin, cabeza de la Confederación Patronal de la República Mexicana, COPARMEX, exigía públicamente la privatización de empresas, acusando al sector paraestatal "de ineficiente". Este es el método para exterminar los organismos públicos: la descalificación constante de los privados hacia la administración pública, así como la deshonestidad del mandatario en turno, al nombrar directores o funcionarios incompetentes, sobre todo en el sector paraestatal. Al mismo tiempo, la Confederación Nacional de Cámaras Industriales demandaba el "fin del estatismo" con la perspectiva de otorgarle a México una gradual apertura al capital.

La clase obrera, a través de su confederación de trabajadores, CTM, suguería una estrategia enfocada a la estabilidad. No tenían propuestas viables, únicamente trató de hacerse notar para la siguiente plataforma electoral. Este ejemplo señala cómo es el comportamiento de esa organización obrera en plena crisis, quizás ese fue el punto más enfermizo de la historia de la CTM. En noviembre de 1987, el gobierno mexicano, de forma contradictoria, rescató la Bolsa Mexicana de Valores, para frenar, de nueva cuenta la fuga de capitales. La historia debería condenar a toda esa legión de hombres, tanto en lo privado como en lo público, los cuales han traicionado constantemente al pueblo mexicano. No es ocioso demandar el enjuiciamiento de una buena cantidad de presidentes y funcionarios corruptos, dado que existen elementos suficientes.

Ante los errores cometidos en el proceso electoral de 1988. El Partido Acción Nacional (PAN), presentó a su candidato para la presidencia en

---

[112] La Jornada, viernes 24 de julio de 1987.

la figura de Manuel Cloutier, y por otro lado el Partido de la Revolución Democrática (PRD) hizo lo propio con Cuauhtémoc Cárdenas, este último aglutinó por primera ocasión a priistas disidentes como: Manuel López Obrador, Porfirio Muñoz Ledo y Manuel Camacho Solís, entre otros, para estar dentro de un movimiento político que prosperó mediante procedimientos poco vistos hasta ese momento en México.

De la Madrid, utilizando la intriga y los distractores para la población, se las ingenió y, mediante el ardid, dar el nombre del candidato a la presidencia; prácticamente fue jocoso dicho acto demagógico. Así, primero convocó a seis priistas como posibles postulantes, estos fueron: Ramón Aguirre Velázquez; Manuel Bartlett Díaz; Alfredo del Mazo González; Sergio García Ramírez; Miguel González Avelar y Carlos Salinas de Gortari. Al final de la obra teatral, todos ellos ejercieron el papel de comparsas de Carlos Salinas de Gortari. La candidatura terminaría siendo para Salinas, pues De la Madrid le guardaba cierta simpatía a pesar de ser un hombre de ridícula experiencia política amén de ser tecnócrata de recién ingreso a la cosa pública. Sin embargo, lucía extenso currículo teórico pero carente de madurez para ser estadista. Su inexperiencia y torpeza en el saber sobre los asuntos de Estado, se evidenciaron al pretender adecuar al gobierno mexicano a la época contemporánea, pero modificando su esencia. El resultado de tales acciones conllevó el florecimiento del modelo político oligarca en México.

La historia política de los mexicanos obedece sin duda a la causalidad, lo cual se puede comprobar en el presente texto. Es asombroso, y quizás admirable, gobernantes extranjeros (tal es el caso de del presidente Putin, en Rusia), sientan cierta admiración por el régimen presidencial mexicano, sobre todo en lo político. En donde las acciones, al estilo de Carlos Salinas, no alcanzan a derribar a sus máximas magistraturas. En México no existen "reparos sociales". Eso es lo que asombra a los extranjeros.[113]

---

[113] Alain Grosrichard en su obra Estructura del Harén, "La sombra del serrallo", señala: "dentro de los gobiernos orientales con características tiranas, hasta un pinche de cocina puede ser el gobernante". Esta es la razón por la cual, paradójicamente, es tan fácil llegar a presidente en México. Pero lo más inaudito es la designación del candidato.

7

Carlos Salinas nació en la Ciudad de México. Se licenció en Economía por la Universidad Nacional Autónoma de México en 1969. Más tarde, estudió en la Universidad de Harvard, donde obtuvo un máster en Administración Pública; otro en Economía Política y el Doctorado en Economía. Cuando Salinas regresó a México, fue nombrado subdirector de Programación Económica invitado por De la Madrid, quien fungía como Secretario, (éste había sido su profesor en la UNAM). En 1981 se separó del cargo para dirigir la campaña presidencial de Miguel de la Madrid. Al ser asignado presidente, Salinas fue nombrado titular de la Secretaría de Planeación y Programación Económica. A éste se le atribuyó la revitalización de la Secretaría porque se rodeó de un equipo muy joven. No obstante, el programa de austeridad diseñado por Salinas provocó numerosos problemas políticos y sociales. Para 1987 resultaría candidato presidencial por su partido.

En las elecciones del 6 de julio de 1988, éste no obtuvo más del 50% de los votos, pero la Comisión Federal Electoral de manera oficial le dio ese porcentaje. De nueva cuenta se llevó a cabo el fraude electoral, avalado por el presidente en turno. Se consolidó la bribonada más polémica de las elecciones de la historia reciente nacional, con el "lapsus cibernético". Al final, el Colegio Electoral de la Cámara de Diputados declaró presidente electo a Carlos Salinas. En conferencia de prensa afirmó ser centrista y progresista, además de comprometerse a trabajar tanto con los "grupos políticos de izquierda" como con "los de derecha". Al no ganar las elecciones limpiamente, tuvo la necesidad urgente de legitimarse, por tanto, desde el inicio de su sexenio enfrentó enormes problemas para llevar a cabo el reconocimiento de la población.

A consecuencia de ello, Salinas de Gortari, en 1989, preparó el golpe teatral en Ciudad Madero, Tamaulipas, al detener al dirigente del sindicato de petroleros Joaquín Hernández Galicia, conocido de forma vulgar como "La Quina". Con la violenta irrupción en su rancho, concluyó la alianza perversa entre los gobernantes en turno y ese sindicato de corrupción oficial. Gracias al ambicioso programa de modernización se logró revitalizar la economía mexicana, estimulando las exportaciones, además otorgando el soporte al libre comercio con Estados Unidos. En ese mismo año, con la anuencia del presidente, Elba Esther Gordillo entró en sucesión de Jonguitud Barrios en tanto secretaria general del Sindicato Nacional de Trabajadores de la Educación (SNTE).

Salinas, en su primer año a cargo del Poder Ejecutivo, se propuso obtener el acuerdo de libre comercio entre los países de Centroamérica. En este periodo le asestó a la clase campesina un golpe más, pues, según él, el modelo de la política agraria del Estado Mexicano así como el reparto agrario habían llegado a su fin. Ante tal coartada, se reformó el artículo 27 constitucional. Se instauraron tribunales agrarios para liquidar a los ejidatarios, quienes habían librado la lucha social en esa centuria para el reparto de la tierra.

En esta época, uno de cada cuatros mexicanos vivía y trabajaba en el campo mexicano. Aun así, su producción era muy baja. De acuerdo con datos oficiales, representaba menos del 8% del Producto Interno Bruto (PIB). El abandono del agro mexicano, coemzó a ser descomunal desde los llamados gobiernos civilistas, los presidentes en turno jamás voltearon los ojos hacia el campo. La atención a la clase campesina y obrera, acabó siendo relegada. En este sentido, el empuje del modelo oligarca de la propiedad privada era incitado por la falange de tecnócratas.

Los primeros actos gubernamentales por parte de Salinas eran semejantes a los de sus predecesores, la "Modernización y la Reforma del Estado", estableciendo con ello la línea de continuidad absurda. Quizás, en otro país, ante tal situación, lo hubieran llevado a juicio político inmediatamente, pues la irritación empezaba a manifestarse. En especial, por parte de una clase media ilustrada simpatizante con la oposición. La puesta en marcha del Programa Nacional de Solidaridad (PRONASOL), también sería objeto de numerosas críticas. Además, los préstamos en 1990 no fueron la excepción, pues ahora la deuda ya ascendía a 79, 889 millones de dólares.

Salinas terminó por desmantelar al Estado Mexicano de las paraestatales, (repitiendo el esquema historico), utilizando la simple justificación de continuar pagando parte de la deuda externa. Una fracción importante del producto de las ventas fue para gracia personal, familiar, así como para sus amigos. Miguel de la Madrid ya había iniciado la disolución, liquidación y transferencia de más de 60 empresas públicas. De las 1,214 que aún quedaban, muchas de ellas acabaron desmanteladas en su totalidad. En el caso de PEMEX, Salinas expidió la nueva Ley orgánica en perjuicio de la paraestatal, en donde se erigieron cuatro organismos descentralizados de carácter técnico, industrial y comercial, dotados de cierta autonomía administrativa, con la malévola intención de celebrar contratos con las corporaciones privadas, específicamente con las extranjeras.

La pregunta es ¿acaso México no puede concebirse como una nación que acierte a vivir y progresar? Las ocasiones en que el régimen presidencial se ha llevado de manera adecuada, hubo prosperidad en el país. Ese aparente desorden de los organismos creadores de riqueza persuade a los responsables de la administraciój pública a deshacerse de estos, aun siendo productivos. Realmente, el denominado sector público exige del mejor cuidado, de una administración rigurosa, donde es necesario abandonar el objetivo del "beneficio social", para así hacerlos copetitivos. Al no tener claridad, obtienen todo el tiempo números rojos, con lo que se pierde las prerrogativas de estos organismos descentralizados.[114]

La instauración de los nuevos diseños del liberalismo, como lo es el no realizar gasto público, además del libertinaje económico de los privados, ha incrementado los intereses de éstos, dejando afuera la participación y control del Estado. Lo alarmante de todas estas acciones es continuar administrando en contra de la esencia misma de la Constitución de 1917. A pesar de sus múltiples reformas, aún sigue plasmada "la propiedad pública administrada por el Estado". Con ello se protege a los energéticos de la nación y el espacio aéreo, lo cual, es una negación del "liberalismo moderno y posmoderno", cuyo ejercicio se cimentó precisamente en la propiedad privada.

Carlos Salinas le presentó en diciembre de 1992 al presidente de Estados Unidos, George Bush, así como al primer ministro canadiense, Brian Mulroney, el documento del Tratado de Libre Comercio Norteamericano (TLC). En la justificación del escrito señaló las correcciones al artículo 27, dándole fin al apoyo económico destinado al desvanecido ejido como unidad de producción de autoconsumo. Aun así, fue hasta noviembre de 1993, luego de varias controversias, cuando el Senado de los Estados Unidos admitió únicamente por 234 votos a favor y 200 en contra el TLC. Fue después de un año de discusiones en el congreso norteamericano para sancionar el documento para su aceptación.[115] Doscientos senadores norteamericanos negaron su voto; hacían énfasis sobre la falta de competitividad de los productos mexicanos, lo cual, según ellos, les traería conflictos a ambos países, tal como finalmente sucedió. El acuerdo entró en vigor en enero de 1994, en seguida de ser aprobado por

---

[114]   Mario Mijares, (2007), pp. 155.
[115]   La Jornada, jueves 18 de noviembre de 1993, p.1.

las cámaras legislativas correspondientes de los tres países firmantes. El desempleo rural por causa del TLC el resultado es de una gran cantidad de migrantes mexicanos sean rechazados de manera violenta en la frontera de los Estados Unidos. Las consecuencias del TLC continúan transigiendo el desarrollo de México.

El uso de la Doctrina Económica del Liberalismo es un factor determinante generador de contrariedades en los presidentes de México. Los requerimientos del modelo económico no son únicamente privatizar la vida pública o dejar libres a los privados. Es también asumir un principios oligarca que sea parte fundamental dentro de la estructura del Estado, lo cual, en este país, aún no es posible por carecer de una clase oligarca nacional.

Salinas al imponer la liberalización económica hizo negocios con las privatizaciones. De ningún modo correspondió a las expectativas de las reformas constitucionales realizadas en su sexenio. Durante su mandato se garantizó la transparencia y la representatividad a los partidos políticos de oposición, mismos que ampliaron su presencia en los gobiernos estatales y municipales, en particular en el Congreso. Aunado a ello, hubo voces importantes para salvar al agro mexicano, en particular la de Carlos Eduardo Represas Almedida, presidente del Consejo de Administración de la Nestlé (una empresa trasnacional, productora de alimentos), quien demandó "subsidios" al crédito agrícola. Así también, declaró que no era necesario modificar únicamente el artículo 27 constitucional.[116] Los productores de soya, café, arroz, sorgo y piña, pertenecientes a la Unión Nacional de Organizaciones Regionales Campesinas Autónomas (UNORCA), se opusieron al tratado ante la desigualdad de condiciones. Pero el Presidente de México "ni los oía ni los veía". Fue así como en febrero de 1993 Salinas de Gortari anunció medidas de "apoyo al agro mexicano": nada menos que la libre importación de insumos agrícolas.

Las distintas organizaciones expusieron su inconformidad por "el endeudamiento del país para capitalizar al sector agrario." De manera inmediata, aunque tibia, se procedió a eliminar el impuesto en la importación de productos indispensables para reactivar el campo con mayor y mejor maquinaria y equipo.[117] La misma coartada estuvo respaldada con la venta de Teléfonos de México: la iniciativa y la decisión fue de carácter

---

[116] La Jornada, lunes 1° de febrero de 1993, p. 1.

[117] La Jornada, miércoles 24 de febrero de 1993, pp. 1- 3.

unipersonal. Salinas de Gortari declaró la necesidad impostergable de modernizarla. Para ello, se necesitaban 27 mil millones de dólares, los cuales, en ese momento, no podía desembolsar la empresa. La venta también llevó el beneplácito de Francisco Hernández Juárez, dirigente sindical de los trabajadores telefonistas.

Carlos Salinas presentó el primero de noviembre de 1993 su quinto informe como presidente de México. La comparecencia provocó la hecatombe del Régimen Presidencial Mexicano. Si bien Salinas utilizó como lema de su campaña Que hable México, en este informe la facción del Partido de la Revolución Democrática (PRD) lo interrumpió en varias ocasiones con insultos. Todo esto pese al llamado a la concordia en razón del "Pacto de Civilidad Política", asistido por los diputados del PRI. Salinas se obsesionó en todo su sexenio para ser reconocido por el pueblo mexicano, para ello, propuso una desesperada serie de acciones políticas en donde el costo era muy alto. Al final, el rechazo a su persona fue general. Por desgracia, los medios de información confundieron al hombre con la Institución Presidencial, de ahí su desgaste en la actualidad.

A finales de 1993, Salinas, después de su nefasto quinto informe en el Congreso, recibió la noticia de la ratificación del TLC por parte de la Cámara de Senadores de los Estados Unidos. En seguida, cumplió con el tradicional "destape presidencial". El lunes 29 de noviembre daba a conocer al nuevo candidato. El nominado sería Luis Donaldo Colosio, Secretario de Desarrollo Social. La proclama del postulante del PRI se realizó con el acostumbrado rito de legitimación del Estado. La postulación aconteció a las 10:36 horas, instante en que Jacobo Zabludovsky, periodista emblemático de la televisora más importante de México, ya se encontraba en el lugar preciso. Así, en medio de una gran algarabía, Donaldo Colosio recibió la salutación de aquellos quienes esperaban con ansias y pretensiones personales el nombre del nuevo aspirante presidencial. En los últimos meses de 1993, los partidos políticos PAN y PRD también se aprestaban a contender por la Presidencia de la República. Los respectivos candidatos serían Diego Fernández de Cevallos y Cuauhtémoc Cárdenas.

1994 fue negro desde su inicio. El primero de enero a las 0:30 horas de la madrugada, el Ejército Zapatista de Liberación Nacional tomó militarmente los municipios de San Cristóbal; Las Margaritas; Altamirano y Ocosingo en el estado de Chiapas. El vocero principal declaró su disposición de avanzar al Distrito Federal. Los motivos de su lucha eran las demandas no satisfechas por el Estado: trabajo y tierra; alimentación;

salud; independencia; libertad y justicia.[118] El suceso sorprendió no únicamente a las autoridades en sus tres niveles de gobierno, sino también a la población de todo el país, a quienes tampoco les interesaba enterarse de la miseria indígena ni de la prepotencia de los oligarcas terratenientes en esa región, así como de las numerosas zonas de pobreza al Sur de México.

El desafío zapatista no pasó a más. La insurrección de indígenas del estado de Chiapas únicamente consiguió convocar a ciertas comunidades para realizar su levantamiento armado, disipado en dos meses. No obstante, hubo pérdidas humanas en ambos bandos. En esa acción radical, los zapatistas invadieron 38 ranchos. Más tarde, los oligarcas terratenientes, conjuntamente con los llamados "coletos",[119] pertenecientes a una organización del PRI, rechazaron el movimiento zapatista, y con vítores al Ejército Mexicano consiguieron liberarlos. Entre los "coletos", también había socios de clubes sociales, como El Club de Leones, Los Rotarios y Cámaras empresariales locales, los cuales le dieron la bienvenida al Presidente Salinas al arribar a la región chiapaneca, para mostrar al mundo su acercamiento a los indígenas.[120]

Las tensiones ocasionadas por el movimiento zapatista las dirimió la cercanía de las elecciones presidenciales, convenidas a celebrarse en el mes de agosto. Sin duda, fue un año caótico para los habitantes de este país, pues la tarde del 23 de marzo a las 17:05 horas, Luis Donaldo Colosio Murrieta, candidato del PRI a la presidencia, era asesinado con un arma de fuego en Lomas Taurinas, en la ciudad de Tijuana, en plena campaña electoral. El ambiente político se ensombreció gradualmente. Tres meses después, José Francisco Ruiz Massieu, Secretario General del PRI, sería también ultimado a disparos con una metralleta Uzi. Del mismo modo, fue acribillado Juan Jesús Posadas, cardenal de la Iglesia Católica en Guadalajara. Los homicidios arriba señalados revelan la maquinaria

---

[118] La Jornada, domingo 2 de enero de 1994, p.1-3.

[119] La expresión 'los coletos' adquirió inusitada difusión en 1994 al personificar las injusticias de Chiapas y particularmente de su antigua capital, San Cristóbal de Las Casas. Este uso, por demás impreciso, ha simplificado la percepción de un estado que perteneció durante la época colonial a la Capitanía General de Guatemala, y sólo en 1824 se unió a México.
http://www.afehc-historia-centroamericana.org/?action=fi_aff&id=2729

[120] La Jornada, miércoles 26 de enero de 1994, p. 11.

del gobierno salinista en plena acción. Ante el deterioro de la autoridad presidencial, Carlos Salinas negoció entre los grupos de presión de esencia oligarca. Es axiomático ver cómo un grupo de ricos autóctonos en unión con integrantes del PRI y el PAN han venido fortalecido con el paso de los años.

Dentro del enrarecido panorama político, la nueva elección presidencial recayó en Ernesto Zedillo Ponce de León, a quien, metafóricamente hablando, el nombramiento "le cayó del cielo". La asignación para el amigo de Colosio estuvo validada por el Consejo Político del PRI. Al recibir el nombramiento de candidato del partido, declaró a los medios informativos su deseo de rescatar el "Programa de Colosio". Ese fue el compromiso del postulante a la presidencia de la llamada "Generación del Cambio".

Salinas abandon el país tres meses después de finalizar su mandato, debido en gran medida a la detención de su hermano Raúl, acusado del delito de peculado, además de ser el principal sospechoso por el homicidio de José Francisco Ruiz Massieu así como de Luis Donaldo Colosio. El expresidente hizo declaraciones en enero de 1997 en la embajada mexicana de Dublín, Irlanda, por el motivo de las investigaciones judiciales referidas al crimen de Colosio. Antes de instalarse en Irlanda, estuvo exiliado en Canadá, Cuba y Estados Unidos. No es facil sustraerse de denunciar que los hombres quienes han arribado a la institución presidencial en los últimos 40 años han carecido de ética y profesionalismo, pero principalmente en el terreno del conocimiento y experiencia para promover el desarrollo de México.

8

Ernesto Zedillo Ponce de León es economista, nació en la Ciudad de México; pasó su infancia en Mexicali, Baja California Norte, situada en la frontera con Estados Unidos. En 1968, como integrante de la moderada Agrupación Emiliano Zapata, participó en las protestas estudiantiles de ese año contra el presidente Gustavo Díaz Ordaz. Tres años más tarde ingresó al Partido Revolucionario Institucional (PRI). Estudió en la Universidad de Yale, Estados Unidos, gracias a una beca concedida por el gobierno mexicano, y en 1981 se doctoró en Ciencias Económicas. En 1982 trabajó en el Banco de México, donde obtuvo una valiosa experiencia en política económica. En diciembre de 1988 estuvo en el gabinete presidido por Carlos Salinas de Gortari, como Secretario de Programación y Presupuesto, hasta enero de 1992. Colaboró en el Plan Nacional de Desarrollo, donde el objetivo de la política económica era reducir la alta tasa de inflación hasta lograr cifras inferiores al 10%. En los dos últimos años de la presidencia de Salinas, Ernesto Zedillo ocupó el puesto de Secretario de Educación. Desde ese cargo desempeñó un importante papel en la desconcentración del "sistema educativo federal", en donde devolvió el control a los gobiernos de las entidades federativas, con el propósito de contrarrestar la influencia del poderoso Sindicato Nacional de Maestros.

Un gran número de militantes del PRI ubicaron a Zedillo como parte del grupo de "jóvenes tecnócratas", los cuales desplazaron a los políticos del partido. Todos ellos siempre estuvieron apoyados desde la presidencia, y sobre todo por Washington, para continuar realizando las reformas a la Constitución, además de privatizar la vida pública. La idea radicó en salvaguardar el Tratado de Libre Comercio (TLC). Finalmente, Zedillo logró la presidencia, pero debió enfrentar la difícil presencia del Partido Acción Nacional (PAN), partido de esencia oligarca encabezado por Diego Fernández de Ceballos, además del recién fundado Partido de la Revolución Democrática (PRD), de principio democrático, dirigido por Cuauhtémoc Cárdenas. Aun así, las elecciones presidenciales de agosto de 1994 fueron consideradas, por algunos observadores y estudiosos, como las más limpias de la historia de México; Zedillo era elegido presidente de la República.

Ernesto Zedillo tomó posesión de la presidencia el primero de diciembre de 1994. A los veinte días de su mandato, se devaluó el peso en un 15%. Esta vez, la fuga de capitales superó a los 10 mil mdd, el doble de la reserva del Banco de México, todo ello, al cierre del año. El desplome financiero corrió en un 6.5%; la inflación se disparó a más del 50%; el déficit fiscal llegó a casi el 7% del PIB. De inmediato, Zedillo solicitó ayuda a Washington. Pero el Senado norteamericano, después de cabildear con los oligarcas financieros, industriales, comerciales y terratenientes de ese país, condicionó el empréstito para México. Movido por la urgencia, Zedillo buscó concretar no únicamente la transacción financiera y especulativa, sino también aceptar el compromiso de llevar hasta sus últimas consecuencias la alternancia en la presidencia.

El dinero fresco significó un alivio instantáneo al mercado financiero mexicano. Empero, por enésima ocasión, se duplicó la deuda pública mexicana, ahora ascendería al 40% del PIB. El empréstito fue condicionado de forma desmedida, pero aparte del aseguramiento económico, los senadores representantes de los oligarcas impusieron el interés político de Washington en el preciso momento en que Zedillo enfrentaba la desconfianza de los inversionistas. Se calculaba una recesión prolongada. Su perfil mediocre de tecnócrata lo llevó a pagar su noviciado, afectando al pueblo mexicano, quien por lo regular tampoco está al corriente de los problemas. De nueva cuenta, se dio la agitación social, fomentada, por la organización revolucionaria de los zapatistas.

Los senadores de los Estados Unidos aprobaron por unanimidad, en julio de 1995, la decisión de no volver a darle ningún apoyo más al peso mexicano en ese periodo sexenal. Eso sería a partir del primero de octubre de ese año. Además de evitar los futuros desembolsos del paquete asistencial financiero de 20 mil millones de dólares para México.[121] Washington ya había extendido un total de 12.5 millones de dólares para su rescate financiero en febrero de ese mismo año. El voto de censura lo expondrían algunos congresistas angloamericanos, quienes declararon a la prensa respecto del gobierno de México: "pagar deudas no es crecer".

Bill Clinton, a través del Fondo Monetario Internacional y el Banco Mundial, debio intervenir para orientar la economía del gobierno de Zedillo, principalmente en la reestructuración bancaria. El estudio elaborado por el FMI señaló: "la crisis fue provocada por los ricos acaudalados mexicanos, quienes sacaron divisas del país, para comprar activos externos". La opinión pública los conoce de manera burda como "sacadólares."[122] La acción de descapitalizar al país ha sido una eterna práctica en la historia mexicana. Esta ocasión la salida rondó los 4, 200 millones de dólares, los cuales se depositaron en los bancos de los Estados Unidos por la clase adinerada. Tal acción se llevó a cabo entre enero y febrero de 1995. El monto equivalía al 20 %, superior a las reservas y divisas del país.

El presidente, de manera similar a su antecesor, le apostó a la economía, olvidándose otra vez de lo político. Zedillo expusó en su primer año en la presidencia: "en México al igual que en Latinoamérica, se dará un caudal financiero más dinámico". La afirmación la hizo todavía dentro de un panorama político, económico y social negro. El gobierno zedillista inició una colaboración más cercana con la dirigencia del Partido Acción Nacional, con quien ya mostraba marcadas coincidencias partidistas. De este modo empezaron a trabajar en conjunto desde el interior del gobierno,

---

[121]   La Jornada, jueves 20 de julio de 1995, p. 1.

[122]   La Jornada, martes 11 de julio de 1995, pp. 1-3.

tal como lo había prometido a Washington, al verse beneficiado con el préstamo de los banqueros angloamericanos al inicio de su administración.

En 1996, las fracciones legislativas devatieron dentro de la Cámara de Diputados, en torno a la "Cuenta Pública" de ese año, así como en lo concerniente al Presupuesto de Egresos para 1997. El principal tema de discusión entre ambos partidos se situó en el contenido añejo sustentado en el artículo 65 de la Constitución, referente a "la partida secreta". Ahora, el tercer párrafo señalaría: "no podrá haber otras partidas secretas, fuera de las consideradas necesarias con ese carácter, sobre todo, dentro del mismo presupuesto".[123] La historia es extensa respecto a este rubro. Salinas de Gortari, para poder legitimarse, se excedió en utilizar dicha partida. Miguel Alemán Valdés fue el primero en recurrir a estas partidas secretas para prostituir a generales del Ejército mexicano, principalmente a los responsables de las diferentes zonas militares.

Ernesto Zedillo seguía respetando su promesa al gran imperio de los Estados Unidos, por ello es considerado por este como el artífice de "la apertura política" del Estado Mexicano al aceptar, en julio de 1997, la victoria electoral de Cuauhtémoc Cárdenas como Jefe de Gobierno del Distrito Federal. En la misma fecha, el PRI dejó de poseer la mayoría en la Cámara de Diputados. Además, el Ejecutivo Federal instauró el acotamiento del representante de la Institución Presidencial; también eliminó al presidente del cargo como máximo dirigente del PRI, ejercido por los responsables del ejecutivo desde la época posrevolucionaria. Mediante la expresión y con la práctica de la sana distancia con el partido que lo llevó al triunfo, demostró el abandono de su papel en tanto moderador de la vida política y social nacional. Todo ello fue el efecto de la negociación con Washington. De esta forma, Zedillo hizo trizas al régimen presidencial mexicano.

Después del autodeterioro de Zedillo en calidad de autoridad presidencial (nefastas acciones políticas, administrativas y sociales), se vio limitado a consecuencia de sus absurdas decisiones; se inició la terrible falta de credibilidad hacia el representante de la Institución presidencial. La clase obrera ya estaba desmantelada al igual que la campesina. La clase oligarca mexicana no ascendía, y mucho menos se consolidaba. El "libertinaje económico oligarca" continuó sin frenos ni balanzas.

---

[123]   Emilio Rabasa O. y Caballero (1997), p. 220.

La dirigencia del PRD divulgó en 1998 la lista con los nombres de los principales beneficiarios del FOBAPROA. Andrés Manuel López Obrador sostuvo la demanda sobre la "inconstitucionalidad" en el ejercicio tirano de transmutar en deuda pública los débitos de empresarios y banqueros mexicanos. La declaración de Obrador si bien se ganó ciertas simpatías de los mexicanos, no sucedió lo mismo con la oligarquía financiera, quien se ocupó de descalificarlo por medio de sus esbirros comunicadores con la finalidad de oscurecer su trayectoria política.

El episodio crucial de vergüenza nacional fue el FOBAPROA. Esa decisión presidencial sirvió para fines particulares de políticos y banqueros, convirtiéndose en un acto histórico de corrupción. A Ernesto Zedillo únicamente le preocupaba finalizar su mandato sexenal y cumplir con su ambición de carácter personal, en lugar de dejar un país estable. El malévolo libertinaje económico se desarrolló de manera gradual, incluso lo confundieron con la "libertad del dejar hacer y dejar pasar", sustentado en el liberalismo. Pero el abuso de una sola clase oligarca, en este caso la financiera, es penalizada en otros países por la oligarquía (industrial, terrateniente, comercial), por la sencilla razón de salvaguardar el equilibrio entre ellas. Zedillo negoció la alternancia por presión de Washington, pero, también, la clase rica mexicana demandaba la acotación de PRI, el cual por muchos años funcionó como un sector más del Estado Mexicano, donde según algunos académicos y críticos dicho partido ya se había anquilosado.

La corrupción no es únicamente el uso de la autoridad para allegarse recursos públicos en beneficio personal. Es también el corromper a la forma en cómo está constituida la nación. Dado lo anterior, al examinar de cerca a este espécimen de bestias del poder, es posible advertir su constante canallada de dilapidar recursos públicos, demostración inequívoca de ruin estirpe. En este sentido, es factible aseverar que los mismos abusos de Salinas se perpetuaron hasta los últimos días el gobierno zedillista.

La muerte de un Estado, en su causa primaria, se localiza en la descomposición de las relaciones entre gobernantes y gobernados, ya que, al corromper sus leyes, instituciones y costumbres, lo llevan a una decadencia total. La erradicación de estas prácticas deshonestas tomará obviamente muchos años; sin embargo, también pudiera arribar un hombre con autoridad, el estadista cuya virtud ejemplar y voluntad inicie una limpia enérgica.

Oligarquización del Estado Mexicano

Antes de iniciar el presente tema, resultará revelador razonar sobre las diferentes mudanzas y degradaciones sufridas por el pueblo mexicano en las dos centurias. A estas alturas de la lectura, ya se podrá distinguir cómo los desgobiernos de oligarquía y la democracia son extremos de la república. La causa es porque tanto los ricos como los pobres sólo tienen una forma de escapar a sus posiciones respectivas, las cuales son contrarias. A pesar de ello, tendrán cierta posibilidad de convivir, sí y sólo sí, si existe la clase media con presencia suficiente para unirlos. La correlación de fuerzas entre ricos y pobres contrarresta una postura media entre ambos, pues la oligarquía es la preeminencia de los ricos en todo gobierno. Pero si la primacía ocurre, se previene el dominio unilateral de ricos o pobres sobre el resto de las clases sociales, consiguiendo así una sociedad de extremos. El mandato otorgado por los pobres a través del voto legitima al gobierno de los pocos ricos. Lo anterior asegura a los oligarcas su permanencia como clase suprema, así como la duración vitalicia en los cargos políticos.

El principio de la oligarquía pretende mantener a esa constitución para que todo esté siempre en razón de lo privado. La regla del oligarca es reducir lo público a su mínima expresión, donde éste haga y deshaga a placer, todo en razón del liberalismo hoy ya globalizado. Sin embargo, las oligarquías pueden ser las menos estables, pues viven sujetas a un riesgo doble: por un lado, la sublevación del pueblo contra ellas; por el otro, las querellas constantes entre los mismos oligarcas. Estas últimas, en ocasiones, de mayor ferocidad ante la amenaza de la revolución popular. Pero la condición para evitar tal rivalidad entre ricos es la matización a través de esgrimir la demagogia, la cual no únicamente se la giran a los oligarcas contrarios para ganarse sus apoyos, sino también la utilizan para atraer al pueblo.

En México se incorporó el principio plutocrático desde 1946. El cual se consolidó al arribo de los gobiernos panistas. Ha sido en este largo periodo cuando las oligarquías, locales y extranjeras, penetraron de lleno al Estado Mexicano. Vicente Fox fue el primer hombre ajeno al PRI en acceder al más alto cargo político del Estado Mexicano.

Fox nació el 2 de julio de 1942 en la Ciudad de México. Pocos años después, su familia se trasladó a las cercanías de León, Guanajuato. La Universidad Iberoamericana, campus Ciudad de México, lo licenció en

Administración de Empresas, precisamente unos meses antes de asumir la presidencia. Fox ingresó como empleado en la compañía Coca-Cola, convirtiéndose a la postre en presidente de división para México y América Latina, antes de regresar al estado de Guanajuato y dedicarse a la explotación agraria y a la fabricación de calzado.

Socio y discípulo político de quien en 1988 fuera candidato presidencial del PAN, Manuel J. Clouthier, se alineo con el y más tarde fue elegido diputado por Acción Nacional. En 1995 resultó electo gobernador del estado de Guanajuato, desempeñando funciones hasta septiembre de 1999. En el transcurso de esta época, un pequeño grupo del PAN lo presentó como candidato a la presidencia de la República. Así, al frente de la organización de Alianza por el Cambio, integrada por su partido y de PVEM, se impuso en las elecciones del 2 de julio de 2000. Sus principales contrincantes en la contienda electoral eran Francisco Labastida, candidato del PRI, y Cuauhtémoc Cárdenas, aspirante por la Alianza por México, conformada por los partidos PRD y PT.

Al ocupar Fox el cargo de primer mandatario, se terminó el ciclo de los tecnócratas priistas, para darle paso a la nueva casta de empleados de la oligarquía. Alexis de Tocqueville en alguna ocasión se quejó del costo que había tenido para Francia el desprecio a los políticos. Resultado de ello, sería la llegada de personajes con imágenes ingeniosas o burdas. De Tocqueville no se equivocó en su análisis al señalar las actitudes de la oligarquía.

El día de la toma de posesión de Vicente Fox como presidente de la República Mexicana, antes de marchar al Congreso, realizó un viaje a la Basílica de Guadalupe, donde comulgó. En seguida, se dirigió a desayunar al barrio de Tepito con niños de la calle; posteriormente, con cambio de atuendo, de traje pero con botas, llegó al Congreso acompañado de su familia, en donde su hija menor llevaba un crucifijo el cual dejaba ver de forma disimulada dentro del acto político.

De esta manera, Fox, al iniciar su intervención en el Pleno del Congreso, en primer lugar saludó a sus hijos y familia, confundiendo así, desde ese momento, lo público con lo privado. El desconcierto de propios y extraños continuaba. Precisamente a la mitad de la ceremonia cometió otro error, todavía más grave al autodeslegitimar la figura del Presidente de la República. En su discurso expresó a los representantes del Poder Legislativo: "El presidente únicamente propondrá y el Congreso dispondría". La mayoría de las quimeras de Fox siempre estuvieron mal asesoradas. Una de ellas, fue el tratar de gobernar conforme a un régimen parlamentario (como si el proyecto parlamentario no hubiera fracasado en México en varias ocasiones en el siglo XIX). Pero su inopia histórica y la de sus asesores era real, pues no estaban al tanto sobre el régimen presidencial mexicano, todavía establecido en la Constitución.

En pleno desconcierto y con tales acciones fuera de la realidad, la Institución Presidencial estaba llegando a su fin. El mismo día de su toma de posesión dentro del Congreso, la diputada Beatriz Paredes reafirmó la petición del Ejecutivo para prescindir de la máxima autoridad de este país. A partir de ese momento la relación del ejecutivo con el legislativo fue áspera, aunque algunas veces cómica. Lo burlesco se suscitó al finalizar Fox su encargo, cuando éste incongruentemente declaró: "los diputados no me dejaron gobernar". Lo anterior ejemplifica una de las tantas ineptitudes del comediante absurdo, ya descritas por Alexis de Tocqueville.

La finalidad malévola de Fox desde el inicio de su sexenio consistió en convocar a una Asamblea Constituyente para, según él, "reformar de manera integral el Estado". El propósito radicó en la transición política, es decir, desaparecer la Constitución de 1917 e instituir una nueva. Aunque estuvo a punto de realizarlo, los integrantes de las dos cámaras, al percibir un presidente falto de autoridad, y desconocer lo público, no lo dejaron avanzar. Así, ante esta aparente alternancia, los mexicanos aún se hallaban dentro de su laberinto dando vueltas.

En México, al igual como sucede en otras naciones, siempre hay hombres quienes aspiran en secreto a destruir las instituciones de una nación. Ese fue el caso de Fox. A lo largo de su mandato ejerció infinidad de medidas para desgastar la Institución Presidencial, y por tanto, continuar con la descomposición del Estado Mexicano. Fox nunca dejó sus nexos con los propietarios de Coca-Cola. De ahí salió la mercadotecnia de su campaña. Ellos aportaron 6.5 millones de pesos. Más adelante habían de ser acreditados como la organización civil "Amigos de Fox". Las acciones estuvieron encabezadas por Lino Korrodi, José Luis González y Francisco Ortiz, la mayoría conectada con la empresa TELEVISA.

El nuevo presidente mexicano de Acción Nacional, arribó al enorme aparato político-administrativo sin equipo de trabajo. El país todavía se encontraba bajo la ominosa estructura priista, incluyendo gobernadores y presidentes municipales. El siguiente error de Vicente Fox, respecto a su gabinete, fue declarar ante los medios directivos del PAN: "Ellos deben respetar la decisión del presidente. ¡Al final, quien gobierna es Vicente Fox, no el PAN!" En este sentido, es factible exponer que donde hubo mayor cantidad de errores fue en los hombres designados por él.

Un ejemplo es el de Jorge Castañeda: individuo protagónico, nunca institucional, llevó la política externa de México a un callejón oscuro. Lo mismo sucedió su cuerpo de colaboradores llegados a la Administración Pública. Desconocían lo público como para ser los responsables de hacerla funcionar. Entre ellos estaban: Reyes Tamez; Ernesto Martens; Alfredo Elías Ayub, en la CFE, y Santiago Levy, en el IMSS, entre otros más.

Vicente Fox trató de introducir algunas innovaciones pero con la misma estructura de personal. Así, en lugar de ser una fortaleza de lealtades, como históricamente había sucedido dentro del modelo mexicano, en ese momento se convirtió en un ensamble de deslealtades. Por tanto, el cambio prometido jamás se dio; menos, con una población todavía ingenua, por no decir inculta, esperanzada en las acciones providenciales de Vicente Fox.

En la administración de Fox se instituyeron nuevos organismos públicos: la Coordinación de Asesores de Políticas Públicas; la de Opinión Pública e Imagen y Alianza Ciudadana. Las Comisiones de Asuntos de la Frontera Norte; Desarrollo Humano; la Oficina para el Desarrollo de Pueblos Indígenas; la de Atención a Migrantes; Innovación Gubernamental. Finalmente, Fox terminó su sexenio con dieciocho Secretarías de Estado: la Procuraduría General de la República; los Tribunales Agrarios; Tribunal Federal de Justicia Fiscal y Administrativa. En cuanto a las empresas públicas, éstas se continuaron desestatificando. De esa manera, ahora la privatización sería para los aeropuertos; ingenios azucareros; Aseguradora Hidalgo; El Fondo para el Desarrollo Comercial, entre otras.

Por otra parte, hubo acciones encaminadas a la reactivación del proceso de paz con el Ejército Zapatista de Liberación Nacional (EZLN). Para ello, elevó al Congreso el Proyecto de Ley sobre Derechos y Cultura Indígenas, una aspiración de los zapatistas ya recogida en los Acuerdos de San Andrés y firmados en 1996 por el gobierno de Zedillo y el EZLN. Así se inició el desmantelamiento de retenes militares en el estado de Chiapas. En el camino hacia la reanudación del diálogo, para reconocer el movimiento zapatista, Fox apoyó la marcha pacífica iniciada en San Cristóbal de las Casas el 24 de febrero de 2001. En ella asistieron 24 dirigentes zapatistas, incluido su máximo vocero, el subcomandante Marcos, llegando el 11 de marzo a la Ciudad de México. El día 28 de ese mes, un integrante del EZLN habló en el Congreso para demandar el reconocimiento de los derechos y la cultura indígena a través de una ley. La intención descansó en ampliar la emancipación de las 57 etnias del país.

La impotencia de Vicente Fox iba en aumento. En el Senado, el 2 de abril de 2002, se le negó viajar a Estados Unidos y Canadá. Fue un hecho histórico en el régimen presidencial mexicano. Con este acto pagaba su osadía de haberse autodeslegitimado. La cámara de diputados practicó un juego macabro y demagógico con las iniciativas de Fox, a saber: la ley para satisfacer las demandas indígenas; la erradicación de la pobreza; fomentar una importante reforma laboral; la de poner fin a la corrupción existente en la estructura del Estado; reactivar la economía; reducir la deuda interna y externa con miras a nivelar el déficit presupuestario; abordar la reforma fiscal con el fin de multiplicar los ingresos públicos así como financiar programas sociales.

La crítica de la opinión pública señaló su falta de pericia en la toma de decisiones y su tardanza para promover el desarrollo económico. Sobre todo, evidenció su afrenta hacia el congreso, en donde según él "no lo dejaron gobernar", lo cual resulta improcedente debido a las grandes posibilidades y dimensiones del Poder Ejecutivo dentro del régimen presidencial mexicano.

En el proceso de ejecución de sus programas de Estado como de gobierno, Fox recibió grandes críticas, en particular en lo referente a la Ley sobre Derechos y Cultura Indígenas, aprobada finalmente por el Congreso en 2001, y que implicó cinco cambios en la Constitución, considerados insuficientes por el EZLN y por el Congreso Nacional Indígena. En tanto, se limitaba el alcance del texto en el marco de los Acuerdos de San Andrés, firmados por la Comisión de Concordia y Pacificación (COCOPA). Por otra parte, Fox instauró un "nuevo sistema tributario", en donde incluía la aplicación de un elevado e impopular IVA a productos básicos, además de alimentos y medicinas.

Vicente Fox, en enero de 2003, reajustó su equipo de trabajo. Separó a Jorge Castañeda del puesto de Secretario de Relaciones Exteriores, cuyo máximo esfuerzo se había dispuesto, de forma frustrada, en negociar con la administración de George W. Bush un acuerdo migratorio destinado a regularizar a los indocumentados mexicanos en Estados Unidos. El mismo Castañeda cometió una serie de errores en el ejercicio de su cargo. Uno de ellos tuvo que ver con las relaciones México-Cuba, afirmando que éstas debían dejar de ser pasionales, para centrarse en el comercio y las finanzas. En Ginebra, negó el voto a la Isla ante la Comisión de Derechos Humanos de la ONU. En seguida, en Miami, durante la inauguración del Consulado y el Instituto Cultural de México, Castañeda expuso a la prensa internacional: "las puertas de esas sedes están abiertas para cualquier ciudadano cubano o latinoamericano". Radio Martí trasmitió la declaración, provocando una invasión masiva en la embajada de México en Cuba. Además, en la Cumbre de Monterrey, ante la llegada de Bush, Fox le solicitó a Fidel Castro retirarse temprano del evento. Tal acción en lugar de causar enojo en el primer ministro y gobierno cubano, produjó hilaridad.

El canciller Castañeda sería sustituido por Luis Ernesto Derbez, colaborador de Fox desde su administración en Guanajuato (en ese momento era el titular de Economía). En lugar de este último, nombró a Fernando Canales Clarión, gobernador del estado de Nuevo León. El problema continuó en la cancillería de relaciones internacionales. El nuevo titular enfrentaba los problemas agudizados de su antecesor: la relación tensa de México con Washignton a consecuencia del tan anhelado asiento como miembro del Consejo de Seguiridad de la ONU ante su postura respecto a Cuba. En este sentido, dicho encargo ocasionó más incomodidades que beneficios. En 2003, las circunstancias políticas internacionales llevaron a México a una confrontación con los Estados Unidos por su determinación de intervener militarmente en Irak, a lo que México se opuso.

1

En las elecciones intermedias celebradas el 6 de julio de 2003, el PRI obtuvo 224 escaños, 153 el PAN y 95 el PRD. En virtud de lo anterior, Vicente Fox continuó teniendo minoría en la Cámara de Diputados. Esto es muestra fehaciente del error cometido en 1963 al haber instituido la figura de representación proporcional, donde con los partidos comparsa únicamente se incrementó el gasto por parte del Estado Mexicano, además de operar las elecciones electorales más caras del mundo. No obstante, ante ese cuerpo legislativo, se expusó, en septiembre de 2003, el proyecto de reforma constitucional. Entre otras medidas promovía el uso del referéndum y la iniciativa popular en general.

México con Fox continuó teniendo graves problemas en política exterior. Resultó significativa la crisis diplomática, la cual estuvo a punto de romper las relaciones entre México y Cuba, en mayo de 2004, cuando el canciller Derbez retiró a la embajadora mexicana de La Habana y expulsó al embajador cubano en México. Ello se dio a raíz de la actitud digna de Fidel Castro después del trato totalmente irreverente a un jefe de Estado y, cuando México, contrario a su política externa, votó en contra de Cuba ante la Comisión de Derechos Humanos de la ONU. El sexenio de Fox estaba terminando de forma fatal, con un índice de corrupción considerado mayor o similar al de los priistas. De poco sirvió la llamada "alternancia" partidista. En general, el gobierno, y por tanto la administración pública, fue deficiente. Además, la Institución presidencial continuó con el desgaste que ya venía transigiendo, máxime por las actitudes personales del encargado del Poder Ejecutivo.

La ominosa presencia de Martha Sahagún, mujer voraz desde su llegada a las oficinas de la presidencia, vivió y gastó del erario como si fuera emperatriz, colocando siempre a Fox como su aval. Martha compró todo tipo de productos superfluos: ropa, platería, perfumes y viajes; las facturas de tales lujos se pagaron con dinero público. De acuerdo con Daniel Lizárraga de la revista Proceso, en mayo de 2002 Martha Sahagún gastó 40 mil pesos sólo en la impresión de tarjetas de presentación.[124]

El régimen presidencial mexicano se desgajaba en las manos de Fox, y nadie, ni los representantes de los partidos políticos, quiso denunciarlo. Por tanto, continuaron con la total falta de respeto a la Institución y órgano supremo; pero ahora no sólo la opinión pública, los senadores y diputados eran los emisores de las denostaciones, sino también los académicos, analistas sociales e investigadores, quienes se encargaron de devastarla, especulando en la propuesta de "un sistema de peso y contrapesos" o en el "régimen parlamentario".

La empresa Marcatel anunció por medio de su representante, Gustavo de la Garza, en diciembre de 2004, la inversión cercana a 35 millones de dólares, los cuales ya había negociado con el propietario de TELMEX, para interconectarse y prestar el servicio. Lo único que esperaba, según sus declaraciones, era la aprobación de la nueva Ley Federal de Telecomunicaciones con el fin de obtener la seguridad requerida.[125] Las oligarquías del país, en particular la de los mexicanos, aún continúan jugado su papel prominente de vampiros en busca de salvaguardar sus propios intereses, quebrantando a las demás clases sociales.

Alberto Núñez, dirigente de COPARMEX, informó en diciembre de 2005 que México tenía un millón 500 mil desocupados.[126] Mientras eso sucedía, Fox se dedicó a pagar únicamente los intereses de la deuda pública y privada. De ningún modo hizo gasto público. Por cada cien dólares de inversión extranjera directa, se transfirió a los deudores 71.36 dólares. Esta referencia la dio a conocer el Fondo Monetario

---

[124] Proceso, 7 de octubre de 2007, p. 8.

[125] Milenio El Portal, viernes 31 de diciembre de 2004, p. 29.

[126] Excélsior, jueves 29 de diciembre de 2005, primera plana.

Internacional.[127] La garantía de la economía en México, para ese año, así como otros anteriores, estribó en las remesas de los migrantes mexicanos. En ese mismo 2005 rebasó en más de 20 mil millones de dólares, así como los ingresos del petróleo. Es necesario subrayar la importancia de dichos envíos, pues han sostenido por muchos años a las familias rurales, aunque ivariablemente terminan por ser improductivas. Con todo, estas también favorecen a la oligarquía comercial, la cual se aprovecha de la prodigalidad de la clase pobre campesina, quien compra productos superfluos.

De esta forma, la Institución presidencial perdió su brillo, y con ello la legitimidad de ser el órgano supremo del Estado Mexicano. A finales de diciembre de 2004, en la Cámara de Diputados, Carlos Medina gritaba: ¡Ya no manda el presidente! Ello era parte de la ofensiva final en contra de Vicente Fox, precisamente en la aprobación del presupuesto de 2005.[128]

Vicente Fox, en agosto de 2004, ya daba por hecho el desafuero de Andrés Manuel López Obrador como jefe del Distrito Federal, pero a pesar de los constantes ataques en su contra, el 11 de diciembre de 2005, en el zócalo de la Ciudad de México, rindió protesta como candidato del PRD para la presidencia de la República. En el estrado lo acompañaron: Porfirio Muñoz Ledo; Amalia García; Alejandro Encinas y Leonel Cota Montaño, entre otros. López Obrador fue claro en su discurso al señalar: "La iniciativa privada debe ser apoyada para que México pueda estar dentro de un plan económico viable". El proyecto de Obrador sentaba las bases suficientes para dar cabida a todas las clases sociales, sin detrimento de alguna de ellas. Los partidos políticos estaban contemplados con el propósito de lograr un "Sistema de Partidos", acorde con los tiempos políticos. En este periodo, Fox reculó respecto al caso de El Encino, en donde había involucrado a López Obrador, acusándolo, ahora de desacato, por la suspensión del amparo, dentro de su ejercicio en tanto Jefe de Gobierno del Distrito Federal. Según la justificación de Fox, era por el bien del país.[129]

Roberto Madrazo, el 16 de enero de 2006, presentó ante el IFE su solicitud como candidato presidencial por el PRI. Madrazo era arropado por un considerable número de simpatizantes. No obstante, a las afueras de las instalaciones de la institución, un grupo de individuos entregaba panfletos

---

[127]   Excélsior, 23 de diciembre de 2005, primera plana.

[128]   Milenio El Portal, jueves 30 de diciembre de 2004, p. 22.

[129]   Excélsior, 17 de diciembre 2005, p. 1.

en contra del candidato priista señalándolo de mentiroso.[130] Alrededor de toda la acción política preelectoral, coexistió una serie de hechos no contemplados, como la misma acusación y ataques al PRI. En esa semana a Arturo Montiel, exgobernador del Estado de México, le hicieron cargos de enriquecimiento ilícito. A pesar de las denuncias, el Procurador del Estado de México solventó el problema al declarar su inocencia por no hallar elementos para fijarle responsabilidades de peculado al priista.

De la misma manera, Oscar Espinoza Villareal, exjefe de Departamento del Distrito Federal, también sería detenido y condenado por el Tribunal Federal a 4 años y 7 meses de prisión, por peculado de 420 millones de pesos, en agravio al Departamento del D.F. La corrupción y la decadencia del país fueron aprovechadas por Fox para proteger a Felipe Calderón, candidato presidencial de su partido.

La carrera electoral se hallaba en plena actividad. Elba Esther Gordillo, exsecretaria general del PRI, acusó a Roberto Madrazo de ser un farsante, incluso juró ante los medios que jamás llegaría a la presidencia. Así, dos meses más tarde, Elba Esther presidenta del Sindicato Nacional de Trabajadores de la Educación, fundó el Partido Nueva Alianza e impuso a Roberto Campa Ciprián en calidad de responsable de esa organización política. Elba Esther hizo alianza con el PAN, y de inmediato, Manuel Espino, dirigente de ese partido, declaró: "Elba Esther, una amiga cercana." Más tarde, la maestra, con su enorme influjo sobre Espino, manipuló sugerencias en las listas del PAN para asignar algunos gobernadores (como fue el caso de Rafael Moreno Valle, para candidato de Puebla). La división del PRI empezó a tener resultados graves. Roberto Madrazo fue rechazado por los empresarios pertenecientes a CANACINTRA, al no quererlo escuchar en una reunión.[131] No únicamente se sentía la mano de la oligarquía externa e interna, sino también del grupo de familias mexicanas propietarias adiestrado por Salinas de Gortari.

Por otra parte, la situación histórica de los ingenios azucareros ha sido de constante rediseño respecto a su administración. Ahora, era el Secretario de Agricultura, Francisco Mayorga, quien tenía el problema en sus manos, pues los propietarios exhibían la deuda de 3 mil 760 millones. El adeudo era consecuencia del préstamo efectuado por parte de la Secretaría de Hacienda y Crédito Público, quien les había asignado recursos para el

---

[130] Reforma, lunes 16 de enero del 2006, p. 6.
[131] Reforma, miércoles 25 de enero de 2006, p.1.

pago de la zafra correspondiente a 2001 y 2003. Al no liquidar estos "empresarios privados", Fox perpetró un intento de expropiación, el cual lógicamente quedó en un acto fallido, pues El Fondo de Empresas Expropiadas del Sector Financiero (FEESA), debió retroceder, y en definitiva evitó el pago de los todavía propietarios.[132] Las condonaciones financieras de este tipo han sido constantes en las administraciones anteriores, siempre con la idea absurda de seguir creando y sosteniendo a los ricos mexicanos.

Los dueños del gran capital continuaban presionado conforme a la Doctrina Económica del Liberalismo para obligar a México hacia una convergencia económica con los intereses del capital norteamericano. En ese momento, The Heritage Fondation, Wall Street y The Journal, discutieron de forma conjunta sobre "la falta de libertad económica en México", debido a la elevada injerencia del Estado Mexicano, quien, según estos representantes de la oligarquía, restringía la inversión privada, sobre todo en materia de energéticos.[133] De igual manera, el Consejo Mexicano de Hombres de Negocios (CMHN) en el mes de junio, ya cercano a las elecciones, cuestionó la propuesta económica del candidato perredista Manuel López Obrador. La consideraba el mismo patrón político económico aplicado con anterioridad, el cual demostró su inviabilidad, pues el diseño permitía más intromisión del Estado.[134] El Washington Post también intervino a través de notas periodísticas respecto a México. En ellas señaló: "Habrá más inmigración a Estados Unidos si gana López Obrador, porque propone políticas económicas pertenecientes al modelo populista, con el cual este país ha estado asociado en el pasado."[135]

El grave error de López Obrador sería criticar y satanizar de forma pública y constante la Doctrina Económica del Liberalismo, la cual cuenta en México con numerosos partidarios, incluso intelectuales (sobre todo en el ámbito empresarial) y hombres de profuso peso político. Los medios de información mexicanos hacían igualmente su labor justo cuando López Obrador estaba con un alto porcentaje de aceptación. Estos medios catequizaron a los mexicanos de nivel promedio a través de la campaña de golpeo en su contra, aseverando de modo feaciente: "los presidenciables

---

[132]   Reforma, lunes 23 de enero de 2006.

[133]   Reforma, 5 de enero de 2006, p. 1.

[134]   Reforma, sábado 2 de junio de 2006. p. 1.

[135]   Reforma, 20 de junio de 2006, p.1.

sin ideas ni claridad", "ninguno de los candidatos tiene un proyecto para México". La cruzada de desprestigio se enfocó a gran parte de la clase media no ilustrada, quien repetía lo mismo que le recetaba la televisión. Los tres candidatos: Obrador, Calderón y Madrazo sí tenían proyectos e ideología claros. Ellos defenderían, o bien impondrían sus condiciones al acceder poder ejecutivo. Tal fue el caso de Calderón. Una vez elegido presidente de México, puso en marcha el proyecto oligarca con el cual se identifica él y su partido.

El éxito de Fox, en especial para la oligarquía mexicana, consistió en detener la inflación y guardar el equilibrio macroeconómico. No obstante, el costo resultó alto, pues todo ello se consiguió porque Fox no hizo gasto público. Aun así, los auditores del Instituto de Protección al Ahorro Bancario (IPAB) declararon: "México no cuenta con recursos en los fondos destinados para enfrentar una posible quiebra bancaria". De hecho, de haber sucedido tal fractura, se hubiera repetido el esquema del FOBAPROA ante la quiebra de los bancos, pues estos llamaban a endeudarse. La venta de Banamex a Citigroup fue de 12 500 millones de dólares.

Como una práctica casi habitual en México, la referida oligarquía financiara se vio exenta de pagar impuestos ante dicha transacción. Siete años después, Banamex estaba valuado en 74 000 millones de dólares, siendo el principal activo de Citigroup.[136]La política económica de México, por lo regular, está diseñada desde el Banco Mundial, con programas orientados al mercado y cuya prioridad es lograr el crecimiento económico por medio del "no gasto público" y través del equilibrio presupuestal.

2

López Obrador dio a la luz pública su proyecto alternativo de nación. Tal hecho le costó ser blanco de un sinnúmero de ataques orquestados desde la presidencia. De la misma forma, la oligarquía local, a través del Consejo Coordinador Empresarial (CCE), envió el video a las televisoras de nivel nacional incitando a los electores a no votar por Obrador. Según ellos:

---

[136] Roberto Badillo Martínez, El complejo militar industrial de los EUA, los responsables de las crisis financieras contemporáneas y sus orígenes, México, Porrúa, p. 185.

"Manuel era un riesgo para México".[137] El 30 de julio, ya muy cerca de la elección presidencial, la PGR giró instrucciones a través de un oficio para investigar a Andrés Manuel López Obrador y a su familia. El documento estaba firmado por Elena Torres Dávila, de la Coordinación General de Delegaciones de la PGR. Así, utilizando todos los aparatos del Estado, Fox esgrimió sus malévolos artificios. Todavía el día de las elecciones, por Internet emergió la carta a nombre de López Obrador donde invitaba a la violencia a través de la resistencia civil. Por otra parte el mismo día de los comicios salió en todos los diarios en primera plana la orden del Juez para detener al expresidente Luis Echeverría Álvarez, responsable de la matanza de 1968. El arresto domiciliario fue refutado de inmediato por los dirigentes del PRI, calificándolo de "marranada". El acto solamente era un recurso mediático para desviar la atención de la jornada electoral.[138] Así mismo, a días de cerrarse el proceso para elegir representantes, Vicente Fox disparó las obras de infraestructura, imitando las acciones utilizadas por los priistas por muchos años; eran obras de poco alcance, pero sí vistosas.

México vivió de nueva cuenta el fraude electoral. Estas bribonadas han sido incontables en la historia electoral. El IFE, según el PREP, daba a las 3: 00 am del siguiente día el 37.08 % de votos para Calderón y el 36. 08 % a Obrador. Luis Carlos Ugalde, responsable del IFE, salió a proporcionar hasta el miércoles 4 de ese mes los resultados de la elección. Así, en medio de la incertidumbre nacional y de la tensión partidista, el miércoles próximo la información mencionada por el encargado del cómputo final era: 14,771.009 votos para Calderón y 14, 513, 477 para Obrador. La diferencia fue de 0.58%. Esa semana se determinó quién sería el presidente de México. Días después, el mismo Tribunal Electoral del Poder Judicial aportó el fallo semejante diciendo: "Que no hubo dolo ni fraude en el cómputo final de votos".[139] De inmediato, el presidente Fox declaró de forma contundente: ¡Se acatará el fallo! Durante este breve periodo de revisión, Calderón ya había sido reconocido por el presidente Bush de los Estados Unidos y Rodríguez Zapatero de España, así como por Stephen Harper, ministro de Canadá. Este último recibió a Calderón como presidente electo en la ciudad de Otawa en el mes de octubre de ese año.

---

[137]   Reforma, martes 27 de junio de 2006, p. 1.

[138]   Reforma, sábado 30 de junio y domingo 1° de julio de 2006.

[139]   Milenio El Portal, 29 de agosto de 2006, pp. 1,22 y 26.

El grupo de ricos empresarios como Carlos Slim, Salinas Pliego, Azcárraga Jean, acompañado por dirigentes de organizaciones e intelectuales, presentó el "Pacto de Unidad" para el próximo gobierno, tratando así de minimizar el fraude orquestado desde el Estado Mexicano.

En otro orden de ideas, se debe denunciar la traición e ingratitud efectuadas por parte de Cuauhtémoc Cárdenas, quien desconoció a López Obrador, declarando ante la prensa de forma mostrenca e insolente: "las elecciones fueron más confiables que en 1988". Esa afirmación perversa le sirvió para ser invitado por Fox para organizar las fiestas conmemorativas del Bicentenario. Cárdenas recibió el nombramiento, pero cometió la estupidez de proponer la creación de una nueva Constitución.[140] Sin duda, la historia condenará al hijo de Lázaro Cárdenas por apóstata de los principios por los cuales luchó su progenitor. En virtud de lo anterior, el elegido "por la ciudadanía" para la presidencia de México sería Felipe Calderón: el sustituto espurio.

De forma instantánea, la Confederación Nacional de Gobernadores (CONAGO) respaldó al ilegítimo presidente electo. Por otra parte, se confirmó que los comicios federales se distinguieron por el descomunal expendio de recursos financieros. Según el Dr. Patricio Marcos, el gasto rondo los 15 mil billones de pesos, pasando así a ser las votaciones más costosas del mundo, causadas por el sistema de subsidios a los partidos y al proceso electoral.[141]

Los últimos meses del mandato de Fox se caracterizaron por la inestabilidad política y social. Por un lado, como consecuencia de la revuelta localizada en Oaxaca, la huelga de profesores terminó en una auténtica rebelión social contra el gobernador Ulises Ruiz. Fox ordenó la intervención de tropas federales para terminar con el conflicto. En el mismo rango de exposición, aconteció la resistencia de los militantes del PRD, quienes luchaban para que las instituciones electorales invalidaran el resultado de la fraudulenta elección. Es importante señalar que ni la clase obrera ni la campesina se manifestaron. Algunos dirigentes sindicalistas aprobaron en los medios informativos la decisión del IFE, por tanto, Obrador debía aceptar la decisión final. Los seguidores de Andrés López Obrador organizaron numerosas movilizaciones, manifestaciones y actos

---

[140]   Milenio El Portal, 12 de septiembre de 2006, p. 7.

[141]   Patricio Marcos, "Dinero y Corrupción, Sistema electoral más caro del mundo". México, Gaceta de la Universidad Veracruzana, abril –junio 2007, No 101 -102.

de protesta, desde tomar el zócalo y la avenida Reforma, hasta incluso proclamarlo "Presidente Legítimo". En un procedimiento desesperado se intentó boicotear, como último recurso, la toma de posesión de Calderón en el Congreso, lo cual resultó imposible.

El 14 de julio de 2006, el PRI expulsó a Elba Esther Gordillo del partido. Ello después de casi 35 años de militancia de la presidenta del Sindicato Nacional de Trabajadores de la Educación (SNTE). A Elba Esther se le acusó de actitudes contrarias al partido, además de haber apoyado a Felipe Calderón a encono del candidato priista. Ante tal situación, el 26 de julio, sin esperar el fallo del Tribunal Electoral del Poder Judicial sobre las elecciones, la dirigente del magisterio felicitó de forma pública en la colonia Polanco a Felipe Calderón. Se dirigió a él ante los medios informativos como "Presidente Electo".[142] La maquinaria utilizada desde Washington funcionó indefectiblemente, tal como si el pueblo mexicano estuviera viviendo a inicios del siglo XIX.

3

Felipe de Jesús Calderón Hinojosa nació el 18 de agosto de 1962 en Morelia, Michoacán. Su padre, Luis Calderón Vega, fue uno de los fundadores del Partido Acción Nacional (PAN), circunstancia por la cual se explica su temprana afiliación a ese grupo político. Cursó estudios superiores en la Escuela Libre de Derecho de la capital del país, donde consiguió, en 1987, el título de abogado. Años más tarde complementaría su formación académica con las Maestrías en Economía, por el Instituto Tecnológico Autónomo de México (ITAM), y en Administración Pública, por la Escuela de Gobierno John F. Kennedy y la Universidad de Harvard.

La dirigencia del PAN le otorgó a Felipe Calderón la tarea de rediseñar la sección juvenil de ese partido. Tal actividad le produjo estar al frente de la Secretaría Nacional de Acción Juvenil (SNAJ), misma que abandonó hasta 1989. La carrera política de Calderón le concedió la oportunidad de conocer nuevos hitos con sus sucesivas elecciones: la de integrante de la Asamblea de Representantes del Distrito Federal, en 1988, y de la Cámara de Diputados federal en 1991. Su ideal era ser gobernador del estado de Michoacán. Sin embargo, en los comicios celebrados para tal fin el 12 de noviembre de 1995, quedó en tercer lugar, viéndose superado por los

---

[142]   *Reforma*, miércoles 26 de julio de 2006, p.1.

postulantes del Partido Revolucionario Institucional (PRI) y del Partido de la Revolución Democrática (PRD). Este hecho no actuó en detrimento de su promoción. En marzo de 1996, el Consejo Nacional del PAN lo eligió presidente del CEN, cargo que desempeñó durante los tres años siguientes.

Las elecciones legislativas y presidenciales del 2 de julio de 2000 repercutirán en la historia de México: el PAN y el Partido Verde Ecologista de México (PVEM), coligados en la denominada Alianza por el Cambio, obtuvieron 223 escaños en la Cámara de Diputados, uno de ellos fue para Calderón, elegido para dicha representación por su estado natal; en las segundas, la victoria recayó también para el candidato panista, Vicente Fox Quesada, quien asumió la presidencia del país el primero de diciembre, poniendo fin a la hegemonía del PRI. En febrero de 2003, Fox nombró a Calderón director general del Banco Nacional de Obras y Servicios Públicos (BANOBRAS), y en septiembre de ese mismo año le confió el cargo de Secretario de Energía. Sin embargo, su permanencia en la administración pública resultó breve, al renunciar en mayo de 2004.

El siguiente desafío de Calderón consistiría en aspirar a la presidencia del país, para lo cual dio el primer paso en octubre de 2005, al ser seleccionado en las votaciones primarias del PAN. Durante ese proceso interno derrotó a Santiago Creel y a Alberto Cárdenas. Conforme avanzaba su gestión, Fox comenzó a tener problemas al interior de su partido. Francisco Barrio, coordinador del PAN en la Cámara de Diputados, expuso su rebeldía ante la prensa y solicitó a Fox no dar línea a favor de Santiago Creel para ser el precandidato a la presidencia de México.[143] Pero el primero de diciembre, dentro del Auditorio Nacional, lugar en donde Calderón hizo su dramática farsa de toma de posesión, el cinismo de Santiago Creel llegó al máximo cuando entró a las instalaciones al frente de un grupo de diputados y militantes del PAN, levantado la mano derecha como verdaderos fascistas y gritando: ¡Sí se pudo! ¡Sí se pudo!

Con el gobierno entrante no cambiaron las cosas, las reformas constitucionales continuaron a la orden del día. En el Diario Oficial de la Federación salió publicada la enmienda al artículo sexto, donde se adicionó el "derecho de réplica" como parte del "derecho a la información", el cual ya se había modificado en 2007. Las alteraciones a la Carta Magna cada vez son más graves. Los priistas, desconociendo su tradición como partido, continuaban obsesionados en realizar la reforma del Estado. Ahora estaba

---

[143]   Milenio El Portal, primero de febrero de 2005, p. 22.

dirigida a acotarle autoridad a la Institución presidencial, órgano supremo del Estado Mexicano. Insistieron en establecer la figura de Jefe de Estado. Esta solución, por decirle de alguna forma, jamás ha funcionado en la historia del pueblo mexicano. Sin embargo, la iniciativa fue enviada a la Cámara de Diputados y turnada posteriormente a la Comisión de Puntos Constitucionales.

Los nuevos diputados priistas, ajenos al proyecto de nación, pretendieron de manera irrisoria "Lograr el equilibrio de poderes, para dejar de ser un régimen de exceso de poder y de tomas de decisión unilaterales [...] ya no vivimos en tiempos de dictaduras, buscamos un sistema semipresidencialista".[144] La propuesta no tiene ningún sustento político, aunque sí una justificación irracional. Se hizo presente el éter jurídico tratando de impulsar condiciones que no hubiese aceptado ni Montesquieu ni Rousseau.

Se modificaron los artículos 16 y 22, para la forma procesal penal, con la finalidad de contar con un fondo de justicia integrado, con recursos federales y locales destinados a realizar nuevas acciones policiacas. La movilización de Manuel López Obrador y algunas organizaciones sociales detuvieron la reforma dirigida a los hidrocarburos y energéticos en un momento en donde la empresa pública PEMEX se hallaba en una situación grave. Dicho trastrocamiento constitucional proponía una autonomía administrativa de ese organismo descentralizado, sobre todo, en los yacimientos de petróleo, como el caso de Cantarell, que sufría una etapa de declive. Lo anterior era causado por la corrupción política, además de la incapacidad de sus directores para manejar una empresa multimillonaria "propiedad de la nación", pero que parece estar colocada en tierra de nadie.

La corrupción es otra de las graves aflicciones históricas que ha mancillado a México a lo largo de su vida. Este padecimiento se repite cada sexenio. Pareciera ser que quienes arriban al gobierno en sus tres niveles, no resisten en adueñarse de los dineros públicos. Se han hecho intentos por reducir ese mal, pero se termina en fracaso. Por ejemplo, Miguel de la Madrid implantó la Secretaría de la Contraloría, hoy con el nombre de

---

[144]   Excélsior, domingo 23 de septiembre de 2007, p. 4. Los nombres de los diputados son María Oralia Vega y Edmundo Ramírez, coautores de la propuesta de una reforma masiva, los cuales podrán ser juzgados por la historia tarde o temprano, en la destrucción de nuestra forma de gobierno y de cómo estamos constituidos.

Función Pública, pero continúa dependiendo del Poder Ejecutivo, lo cual de poco ha servido. Fox, en época de campaña, hizo tremendo escándalo por la corrupción, pero cuando estuvo a cargo del país no únicamente se corrompió él, sino a toda su familia: en seis años acumularon una exorbitante fortuna a costa del erario.[145]

La descomposición, como ya se ha reiterado, permeó hasta la vida privada. El mal persiste, pero ahora las mafias son al estilo del priista Arturo Montiel (exgobernador del Estado de México al que se le descubrió una cantidad descomunal de propiedades), los cuales se encargan de encausar la vida política nacional. Así también, en el ámbito privado, Enrique Molina, del Consorcio Azucarero Escorpión CAZC, es identificado por evadir impuestos, aprovechándose de su relación con funcionarios de la administración pública.

Como muestra de la carencia total de autodeterminación y soberanía nacional para implantar satisfactoriamente políticas de seguridad en México. Felipe Calderón solicitó ayuda a Washington para combatir el crimen organizado, en especial el narcotráfico, hacia finales de marzo de 2007. Su argumento consistió en que él no podía sólo, además de tratarse del problema de seguridad hemisférica. Lo anterior se dio dentro de un escenario político de violencia militar, introducido por Calderón al generar móviles políticos para el desquiciamiento del país.

La intervención irracional de las fuerzas armadas, investidas supuestamente para luchar contra el narco, realizaron funciones correspondientes a la policía. El mismo llamado absurdo de Calderón al Pentágono para albergar a efectivos estadunidenses en el país, estaba planeado con el propósito de crear una base militar de Estados Unidos en México. Desde la declaración de guerra a los cárteles de la droga en 2006, las fuerzas armadas desplazaron 50 mil militares e instalaron retenes en todo el país, así como el cateo en casas particulares en busca de traficantes.

Las patéticas declaraciones realizadas por el general Guillermo Galván Galván, Secretario de SEDENA, evidenciaron la falta de comprensión ante el problema de seguridad nacional: "El Ejército seguiría en las calles de cinco a 10 años más",[146] asumiendo que se proseguirán tales políticas de manera transexenal. Tenía razón, el guión previsto sigue aplicándose hoy día. El general Galván pasó por alto la Constitución, confirmando con

---

145   Excélsior, 29 de septiembre de 2007, p. 6.
146   La Jornada, primera plana, miércoles 7 de abril 2010.

ello que ¡Felipe Calderón ha sido el presidente más débil de la historia mexicana reciente!, al conceder a los poderes fácticos su intervención en las decisiones que le corresponden al presidente. Dicha debilidad estribó en la ilegitimidad desde su arribo como jefe del ejecutivo.

La misma corrupción es ejercida mediante los responsables del gobierno mexicano, quienes desde hace años mantienen una complicidad con las organizaciones criminales, pues no controlan únicamente el narco, sino también el tráfico de blancas, órganos humanos, armas, entre otros aspectos que fortalecen la adherencia del mecanismo criminal en el país. El caso de Zhenli Yen Gon es una muestra irrefutable de la intromisión de funcionarios dentro de las mafias, este empresario chino con carta de naturalización en México (documento firmado por el presidente Fox), era representante de la firma de un laboratorio el cual tenía contratos con el "sector salud". Las autoridades mexicanas le brindaban protección para importar pseudoefedrina de Asia. La cantidad de las transferencias alcanzó alrededor de 80.5 toneladas de dicha sustancia.[147]

Felipe Calderón cumplió en cuatro años de su administración con el paradigma impuesto por la economía de guerra de Washington. Así, mientras de manera simulada la gestión de Calderón combatía el narco y el crimen organizado, simultáneamente compraba armamento, helicópteros y aviones a la industria angloamericanas por medio de convenios con Washington. Tales acciones fueron descubiertas por Julio Scherer García, al desenmascarar las políticas oficiales y el tremendo baño de sangre sufrido en el país desde el inicio del sexenio calderonista. La entrevista con El Mayo Zambada en la revista "Proceso" confirmó la supuesta lucha de Felipe Calderón contra el narcotráfico, la cual era infructuosa. Empero, las fuerzas armadas mexicanas obtenían únicamente un escenario de terror, mientras la institución de los derechos humanos del país se hallaba hundida en la corrupción para acrecentar el negocio bélico.[148]

La violencia indiscriminada de Calderón contra los mexicanos siempre apeló a la tendencia de propiciar lo inadmisible, como la presencia de policías y tropas estadunidenses en territorio mexicano. Lo único que garantizó fue la permanencia de la mafia de familias encabezada por Salinas de Gortari, quien aún tiene secuestrado al país. Esta estirpe se respalda en el crimen organizado, entregada a negocios ilícitos. En junio de

---

[147]   Proceso, 1903, julio de 2007.
[148]   Proceso, 1744, abril de 2010.

2010, todavía Calderón, de forma obsesiva, declaró mediante argumentos estólidos:

> Que si el gobierno no interviene con firmeza y apenas a tiempo como lo hemos hecho, los criminales se hubieran apoderado de una gran parte del país y habrían sometido ya a millones y millones de familias mexicanas a través del secuestro, la extorsión, el cobro de piso, o incluso el acoso directo a los integrantes de las familias.[149]

Los dos sexenios panistas no sólo revelaron su inexperiencia para gobernar y administrar, también incrementaron el gran deterioro del Poder Ejecutivo, donde ambos presidentes oligarcas provocaron que los partidos políticos se sirvieran con la cuchara grande. El divorcio entre el Ejecutivo y el Legislativo promovió leyes partidistas, situación determinante para que los partidos políticos se hayan beneficiado del desgaste sufrido por el Estado Mexicano en los últimos 25 años.

No es exagerada la aseveración de que en pleno siglo XXI se continúe observando una sociedad mexicana escasamente ilustrada, sometida y sin apalear a una posible salida. La educación del pueblo mexicano sigue siendo deficiente a dos siglos del Grito de Independencia; el avance es mínimo. ¿Qué tan lejos está la población mexicana para disfrutar el título de ciudadanía? Las verdaderas luces nacen precisamente de la instrucción eficiente. El gobierno tiene la obligación de dar a conocer los derechos y deberes por medio de una educación ciudadana pertinente, además de comprender las leyes que rigen el universo político. Sobre todo, prevenir el equívoco entre lo público con lo privado, del cual han hecho uso indebido todo el tiempo gobernantes y gobernados.

Felipe Calderón se refugió desde el inicio de su mandato en la logística del Estado Mayor Presidencial. Solamente así pudo rendir protesta como presidente en la Cámara de Diputados. De ahí la extravagancia de Calderón al colocarse la casaca verde olivo y disfrazarse de militar, luciendo las insignias militares, cual si se tratara de ese gorila del Cono Sur de mitad del siglo pasado. El constante manoseo del Ejército Mexicano lo llevó a perder todo brillo, pero sobre todo el respeto. Ni siquiera con

---

[149] Milenio El Portal, lunes 14 de junio de 2010, p. 22.

su intervención en Tlatelolco en 1968 defenestró su reputación.[150] Así pues, Calderón nombró al general Galván como Secretario de la Defensa Nacional, un militar de escalofriante aspecto, agresivo e incesante golpeador, el cual declaró en público:

> El señor presidente de la República es nuestro comandante supremo las 24 horas del día y todos los días del año, los operativos del Ejército irán tan lejos como el presidente lo decida.[151]

4

Calderón asistió a la reunión conmemorativa con el Ejército Mexicano realizada en el municipio de Temamatla, Estado de México, el 19 de febrero de 2012, sería su última ceremonia como president. Ese día reconoció en primer lugar "la abnegada lucha y el patriotismo en el combate al crimen organizado, así como su apoyo al fortalecimiento de las libertades y democracia en el país". El segundo anunció fue la mejora salarial a los militares de menor rango, de soldado raso a teniente, con lo que su sueldo se había incrementado 150% en ese sexenio. Así, el soldado raso pasó de percibir 4 mil 300 pesos, en 2006, a 10 mil 800. Asimismo, en el desayuno con las Fuerzas Especiales del Ejército, habló sobre su compromiso de "velar por la tropa", prueba de ello eran los sustanciales aumentos económicos y prestaciones. De la misma manera, les informó su determinación para que 26 mil militares recibieran créditos hipotecarios durante su gestión. Así también, los 20 mil hijos de integrantes de las fuerzas armadas recibirían becas completas para estudiar el bachillerato, además de incentivos para cursar carreras profesionales en universidades privadas y públicas.

Por su parte la historia del pueblo mexicano se manejó en el "Bicentenario" de una forma distorsionada con el único fin de mostrar la presencia ideologica de su partido en el poder. La perversión de Calderón fue todavía más allá, al enclaustrar a una cantidad considerable de generales del ejército en cárceles del orden civil y militar. Las falsas imputaciones estuvieron sustentadas a través de testigos sobornados por las

---

[150]   Milenio El Portal, martes 22 de junio de 2010, p. 25.

[151]   Proceso, 1580/11 de febrero de 2007, p.9.

mismas autoridades civiles. Lo increíble de todo esto son los altos mandos de las fuerzas militares, quienes jamás se manifestaron contra la traición de Calderón. Sin duda sigue siendo una disciplina que va más allá de lo castrense y la dignidad.

México posee una oligarquía sui géneris, reflejo del subdesarrollo político y económico. Tal plutocracia es consecuencia del sinnúmero de individuos beneficiados por los múltiples acuerdos comerciales establecidos con las potencias multinacionales, originando con ello millonarios durante décadas, a costa de miles de personas. Esa clase rica ha incursionado en áreas protegidas y en prácticas fraudulentas, con acceso indiscriminado al patrimonio de la nación. Al final de la administración de Felipe Calderón, no se sabía exactamente cuál era el rumbo del país. Antes de entregar la banda presidencial, la mayoría de sus tareas poseyeron un carácter militar. Le urgía terminar su sexenio.[152]

José Narro, rector de la UNAM, señaló a finales de 2010: "Lo que ha fallado en el país es la política".[153] Asimismo, el cardenal Norberto Rivera declaró: "La grave ausencia de autoridad en México", poniendo en la palestra la indolencia y la gran complacencia de la clase adinerada en los problemas más graveside México.[154] Dentro de los paradigmas del saber político, la autoridad es el fundamento sin traslapes de la política, la cual estuvo extraviada en la época calderonista.

Los intentos de la tecnocracia fallaron de forma unánime, a pesar de los ensayos por mostrar un modelo burocrático. Fracasaron ante la incapacidad del presidente en turno. El problema tanto de Fox como de Calderón fue su proceder de burócratas. ¡Jamás como estadistas! El inconveniente fundamental, una vez subyugada la autoridad presidencial, partió de sus caprichos, aprovechándose de su posición en los escaños del Congreso. Este tipo de vencedores insolentes continúa erigiendo el caos conjutamente con el Ejecutivo.

En los presentes gobiernos oligarcas, administrados por presidentes del PAN, la Iglesia Católica ha retornado a sus fueros corporativos: ahora acude puntual a completar el cabildeo como antaño. Se abandonó el Estado

---

[152] Algo parecido a lo acontecido con Vicente Fox y Ernesto Zedillo: los tres estuvieron protegidos por Washington, en recompensa por sus buenos servicios.

[153] Milenio El Portal. martes 8 de junio de 2010. Discurso en la reunión "Iniciativa México". Recuperado de http://www.milenio.com/node/460633

[154] Milenio El Portal, lunes 21 de junio de 2010, p. 22.

laico tan mencionado y poco respetado. Todo ello se observa con gran dolor público, pues la teoría así como la experiencia histórica demuestran que el Estado Mexicano y la Iglesia Católica no deben estar juntos. Sin embargo, a partir de la oligarquización sui generis aparecerán como un monumento imperecedero.

En los 200 años de existencia del país. a raíz del Grito de Independencia, pocas ocasiones se han ejercido tantos insultos y descalificaciones al responsable del Poder Ejecutivo conforme a lo observado en estos dos últimos sexenios. Con lenguaje altanero, los diputados, senadores y la opinión pública, representada por los medios de información, criticaron severamente la estadía de Acción Nacional en la presidencia. A poco menos de dos años de terminar su mandato, a mediados de 2010, los priistas comenzaron a acorralar a Calderón, en gran medida a consecuencia de la debilidad del Ejecutivo Federal, especialmente en el proceso electoral de varios estados.[155] Beatriz Paredes, dirigente nacional del PRI, realizó un discurso frente a 15 gobernadores priistas, acusando de irresponsable a quien hasta ese momento tenía que llevar las riendas del país.[156]

Ante tales hechos, el régimen presidencial mexicano se encuentra en ruinas; padece una violencia inaudita en su contra, explicada por el avance oligarca y la pérdida de autoridad del presidente en turno. También por el actuar de los tres poderes, emuladores del régimen parlamentario. Pero ya no se trata únicamente de la modificación constitucional, ahora es la clase oligarca quien está conquistando el poder, privatizando todo lo público. Esto se inició después de la derrota de la clase obrera y campesina, por medio de reformar la Constitución.

El presidente Calderón, a mediados de 2010, continuó alternando y haciendo presencia en los foros internacionales, buscando el reconocimiento y la legitimidad que aún no tenía al interior del país. En el Foro de Líderes G 20, Calderón advertía sobre los riesgos de los altos déficits fiscales del mundo, proponiendo una reforma regulatoria. Ante tal afirmación, la opinión pública recurrió al viejo adagio donde se dice: "candil de la calle y oscuridad de tu casa". Ese día, en México, en el mismo diario donde apareció el discurso de Felipe Calderón, Alicia Bárcenas, secretaria ejecutiva de la CEPAL, dijo: "México, sigue siendo

---

[155]   Milenio El Portal, 30 de junio de 2010, p. 23.
[156]   Idem, p. 22.

un paraíso fiscal, ya que como se sabe se tributa poco, por existir grandes evasiones fiscales, además de abundar las exenciones".[157]

En la historia de México, invariablemente ha existido la terrible desigualdad social. Otra de las divergencias es el constante pago de impuestos. La extenuante carga fiscal se decanta más hacia los pobres vulnerables y a los pequeños propietarios pertenecientes a la clase media, siendo grabados con rigor. Todo ello es causa de irritación para los desposeidos, inconformes hacia las oligarquías. Esto podría acarrear una inestabilidad ante privilegios de los adinerados. En julio de 2010, Calderón declaró en la residencia de los Pinos, en compañía de los dirigentes de las cúpulas empresariales: "mi gobierno no puede ser un obstáculo para el crecimiento de las empresas". De esa manera aprobó la modificación en las obligaciones fiscales y la de sus estados financieros.[158]

Ernesto Cordero, Secretario de Hacienda, en julio de 2010 expuso la posibilidad de disminuir la deuda pública, con la intención de buscar el crecimiento económico de México. En esos días se perpetró la emisión de deuda en el mercado europeo por un total de 850 millones de dólares, con vencimiento en 2017. El Secretario de Hacienda afirmó: "En la medida que la condiciones económicas y financieras lo permitan, se continuarán llevando a cabo las operaciones necesarias para asegurar las condiciones del costo de deuda pública, y sean favorables en el mediano y largo plazo".[159] El Fondo Monetario Internacional (FMI), informó al otro día: "México no podrá tender tal mejoría hasta el 2011, pues para este periodo se ajustó su baja en el PIB, a una tasa de 4.4%, menor al 4.5 % estimado en abril de ese año".[160]

Así, en el primer semestre de 2010, el Banco de México informó una caída del 4% en las remesas enviadas por los migrantes mexicanos.[161] Lo pusilánime es aceptar que el envío de dinero de los mexicanos radicados en Estados Unidos, sea la segunda fuente de divisas más importante, sólo después de los ingresos petroleros, incluso por encima de los recursos que obtiene México en materia de inversión extranjera y turística.

---

[157] Milenio El Portal, martes 29 de junio de 2010, p. 20.
[158] Milenio El Portal, jueves 10 de junio de 2010, p.28.
[159] Milenio El Portal, viernes 9 de julio de 2010, p. 28.
[160] Idem, p.29.
[161] Milenio El Portal, jueves 29 de julio de 2010, p. 30.

Felipe Calderón casi al finalizar su sexenio realizó una serie de reuniones en el Campo Marte de la Ciudad de México, tituladas "Diálogo por la Seguridad". En un acto insensato solicitó a las diversas iglesias del país reclutar curas y pastores informantes.[162] No se satisfizo con los órganos de seguridad e información del Estado: el Centro de Investigación y Seguridad Nacional, (CISEN); las secciones de Inteligencia del Estado Mayor; la Secretaría de la Defensa Nacional y la Secretaría de Marina. Ahora le demandaba al pueblo mexicano desempeñar papel de "soplones". El resultado de toda esa enfermedad guerrera por parte del Ejecutivo trajo consigo una gran cantidad de sacrificados. El constante error de Calderón estribó en su falta de manejo político, por lo cual, al culminar su encargo, terminó siendo un presidente solitario y odiado.

Cuando Calderón ordenó a la Armada de México salir a patrullar las calles del país, ésta se trocó de inmediato en un tipo de "guardia pretoriana" en pleno siglo XXI, con probada lealtad a su comandante. No obstante, el ejército pretoriano también es aquel que asesina en la noche a su general o héroe, aunque lo haya aclamado en la mañana. Es al final una fuerza demoledora de instituciones que juró defender. De inmediato, la armada realizó retenes agresivos por todo el país, violando siempre los derechos de los mexicanos, sobre todo el de libre tránsito, garantizado en la Constitución.

Calderón es un individuo confundido: nunca fue político, tampoco estadista y menos estratega. De haber sido cualquiera de estas figuras anteriores, quizás habría llevado a buen término al Estado Mexicano. La opinión pública y los caricaturistas lo describieron como un bebedor de sangre y alcohol. Un ser patológico afectado de guerra y violencia. Este tipo de individuos son bestias salvajes sin tribu, perturbadores de la ley.

A Calderón lo persigue la muerte, la sangre y la corrupción. José Francisco Blake Mora era el segundo titular de la Secretaría de Gobernación que moría en un percance aéreo: el primero había sido Juan Camilo Mouriño, accidentado el 4 de noviembre de 2008. En menos de cinco años, cuatro funcionarios ocuparon la titularidad de la Secretaría de Gobernación. Asimismo, el incendio de la Guardería ABC provocó la muerte de 49 niños.[163]

---

[162]   Milenio El Portal, jueves 5 de agosto de 2010.

[163]   La copropietaria de la guardería era María Gómez del Campo, prima de Margarita Zavala Gómez del Campo, esposa de Felipe Calderón. Un caso de corrupción más donde se evidenció el panismo oligarca.

Con el respaldo de más de 23 mil firmas se presentó la denuncia ante la Corte Penal Internacional (CPI) de La Haya (Países Bajos) contra Felipe Calderón y su "gabinete de seguridad" por delitos de lesa humanidad, cometidos en su "guerra contra el crimen organizado". Lo anterior constituye un hecho sin precedentes en la historia contemporánea de México: una demanda jurídica y política para un presidente mexicano en funciones. El acto de repudio se llevó a cabo en un momento de hartazgo nacional, ante la violencia del Estado Mexicano desatada con fines aviesos por Calderón. La supuesta lucha no fue únicamente en contra de los cárteles, sino implícitamente hacia el pueblo mismo. Mientras el engaño se seguía presentando, para febrero se registró una inflación del 4.05%, donde la mayor incidencia afectó a los productos de la canasta básica. Sin embargo, el enorme gasto del gobierno federal, principalmente en propaganda en los medios, buscaba enaltecer las acciones de Calderón y, a su vez, subsidiar el proceso electoral federal de 2012.

El actual ciclo político, la oligarquización de México, iniciará toda una etapa con la privatización y entrega de los bienes de la nación a las compañías extranjeras en el futuro. Salinas de Gortari le llamó la "desincorporación del sector paraestatal". El eufemismo se hizo popular en boca de los informadores al servicio del Ejecutivo. La lista es enorme: la industria siderúrgica; los bancos; la industria azucarera; ingenious; fertilizantes; Teléfonos de México; los ferrocarriles y aeropuertos (incluidas líneas aéreas); las carreteras; aduanas; televisión y el petróleo.

La sociedad entre el PRI y el PAN ha causado la debacle de México. No es difícil pronosticar su nueva historia, se puede asegurar que está a un tris de la "transición política". La imposición de Enrique Peña Nieto por la clase oligarca, y esta apuntalada al mismo tiempo por el imperialismo norteamericano, es una muestra palpable de que ya no habrá vuelta. La lucha todavía la sigue intentando Andrés Manuel López Obrador, a pesar de los descalabros sufridos en dos campañas electorales por conseguir la presidencia. Ambas ocasiones fueron elecciones de Estado. El proyecto de Obrador es viable en todos los sentidos, se trata de rescatar la esencia del Pacto Nacional de 1917. El enorme recorrido de Andrés Manuel por todos los municipios y comunidades del país es una hazaña épica, merecedora de mejor suerte. Por ahora, la esperanza del pueblo mexicano es terminar con la guerra sucia tanto al estilo de 2006 y 2012.

El resultado de los comicios de 2012 no podría ser peor respecto a los fraudes cometidos con anterioridad. Resulta inadmisible que después de aproximadamente 70 años de patéticos gobiernos priistas y de dos decepcionantes sexenios panistas, los electores votaran de esta manera: Josefina Vázquez Mota, 12, 773, 972 votos; Enrique Peña Nieto, 19, 213,502 votos; Andrés Manuel López Obrador, 15, 885, 667 votos; Gabriel Cuadri de la Torre, 1 150,171 votos; Anulados 1, 240, 375.

La compra de sufragios por parte de Enrique Peña Nieto fue un acto de cobardía y descaro absolutos. Sin embargo, esto ejemplifica la repetición de lo sucedido en México años atras. El diario Reforma informó el 14 de julio lo siguiente;. "El Grupo Comercial Innizzio S.A. de C.V., e Importadora EFRA S.A. de C.V., trianguló dinero entregado a MONEX para pagar con tarjetas usadas por el PRI en la contienda electoral." A Innizzio se le comprobó ser una empresa fantasma, ubicada en la calle de Homero # 136, despacho 1004. Las instituciones del Estado Mexicano colaboraron en favor del fraude. Alejandro Luna Ramos, Magistrado del Tribunal Electoral del Poder Judicial de la Federación (TEPJF), rechazó toda impugnación de las elecciones. Lo mismo sucedió con el IFE y la FEPADE, quienes se apresuraron a darle el triunfo a EPN.

Ni la rebelión de los estudiantes pertenecientes al movimiento #YoSoy 132, ni los grupos organizados con capacidad operativa, a pocas semanas del relevo presidencial. Tampoco el primero de diciembre con la participación de jovenes con rostros cubiertos, tratando de derribar la valla metalica impuesta por un gobierno fraudulento, se comprueba la fuerza del Estado para eliminar toda participación.

Como nota final del texto, el Banco de México (BdeM) reveló: "Desde el inicio del gobierno del presidente Calderón hasta agosto del 2012, los ricos mexicanos transfirieron al exterior 145 mil 10 millones de dólares". Estos recursos superan con creces los remitidos al extranjero en el sexenio de Vicente Fox, de 2000 a 2006.

Conclusiones

Sin recurrir al discurso extremista, se puede afirmar que no hay en el mundo civilizado un país en donde se cuide menos la educación y la identidad como en México. Sus habitantes, desde hace dos siglos, aparte de carecer de una filosofía propia, siempre están reproduciendo actitudes e ideologías del extranjero. Mediante el recorrido sobre los "ciclos políticos del pueblo mexicano", resulta sencillo evaluar la terrible desigualdad en México actualmente. Al mismo tiempo, se ha descuidado salvaguardar la esencia de la nación. El problema más agudo de los gobiernos en turno, en particular de los civiles, radica en que disgregaron el principio político republicano plasmando por el Constituyente de 1917.

Las mutaciones sufridas, en México vía la Doctrina Económica del Liberalismo, lo exhiben conduciéndose en la práctica diaria hacia la decadencia, viéndose arrastrado al menosprecio de todo lo establecido. Las preguntas al finalizar el libro son: ¿En dónde situar al gobierno mexicano? ¿Cuál es la estructura actual del Estado Mexicano? ¿Cómo será la condición de vida después de oligarquizar al país? El secuestro del país por parte de los pocos ricos y sus vicios encarnados en cada proceso electoral (para subyugar a los muchos pobres) se agranda cada año.

La presente sentencia es histórica: cuando una constitución de esencia monárquica-republicana, como la de México, se modificó por una de carácter oligarca, la actividad respecto a la "cosa pública" pasa de golpe a los particulares. Ahora los bienes de esa nación serán propiedad privada. En este sentido, los grupos privados se cristalizan en esa clase social, con innegable prosperidad material. No se puede escamotear la permanencia de los principios oligarcas sobre el pueblo, pues está en consonancia con sus intereses. De esta manera, el fin último de éstos es hacer y deshacer a placer, para ejercer con impunidad el libertinaje económico a través de la privatización de la vida pública, convirtiendo el dinero público en patrimonio de unas cuantas familias.

Los ciclos políticos analizados en la historia del pueblo mexicano, después del advenimiento de su independencia, han demostrado sus errores. Las alteraciones realizadas por los gobiernos de tiranía, oligarquía, republicanos y democráticos, no han podido instaurar una larga vida de prosperidad a los mexicano. En la mayoría de sus mutaciones, el pueblo transitó por un sinnúmero de pruebas difíciles de superar, entre ellas, la corrupción política. Aunada a ella, la ineficacia de sus gobiernos lo condena en la mayor parte de su vida activa a padecer los estragos de la desigualdad y del subdesarrollo. La ONU, al calificar a México respecto a su índice de calidad de vida y progreso, le asignó el lugar número 67.

Así pues, la oligarquía local e internacional utiliza a sus teóricos o ideólogos para corromper el modelo político mexicano emanado de la Carta Magna de 1917, un estándar esencial, el cual duró menos de treinta años. Los gobiernos aclamados como civiles transformaron la sustancia constitucional, así como las fibras invisibles de dignidad y orgullo de su población. Fueron los intelectuales, sobre todo economistas, quienes afirmaron la imposibilidad de consolidar un Estado Moderno por asumir "una economía protegida por el Estado intervencionista y propietario". "Un Estado Mexicano promotor subsidiario e interventor". Esas y otras apologías más se sostuvieron con el objetivo único de reformar la Constitución. El propósito de tales aseveraciones, desde la implementación de los gobiernos sexenales, fue promover y erigir acaudalados, mas no empresarios.

Al mismo tiempo, los intelectuales pertenecientes a la political science, vigorizados por el éter jurídico de los abogados, se dedicaron de forma burda a destruir el régimen presidencial mexicano, lacrándolo entre muchos epítetos y denostaciones: "un régimen presidencialista quien se subordina a los otros poderes". La demagogia de establecer un "régimen presidencial acotado", "un modelo pluripartidista" y "dejar de lado el esquema de partido hegemónico"; "un gobierno con un poder legislativo autónomo"; "la constitución mexicana es vieja"; entre otras descalificaciones. Al final se descubrió cómo todas estas alternativas eran dictadas desde las oficinas del Fondo Monetario Internacional.

A partir del conjunto de reformas realizads México asumió una serie de modificaciones dentro de su quehacer político y social. Al abandonar el gobierno el apoyo a la producción agraria doméstica significo un freno para avanzar al autoconsumo. Asimismo, se suscitó la salvaje apertura comercial del TLC con los Estados Unidos, donde México no está capacitado para ser competitivo, con manufacturas carentes de control de calidad. Todo ello significó la quiebra de muchas empresas, beneficiarias del proteccionismo del Estado Mexicano.

El inicio del nuevo orden político con principios oligarcas comenzó a manifestarse desde el sexenio alemanista, a consecuencia de la reconstrucción posrevolucionaria, que a la postre constituiría una política dictada por el liberalismo. En los últimos ochenta años la metamorfosis ha sido letal. La distribución de la tierra y la creación de la riqueza estuvieron pensadas para todas las esferas sociales, en donde la clase trabajadora resurgió a través de sus organizaciones sindicales. En sí, el nacionalismo surgido de la revolución sería la base de la maquinaria política de los gobiernos posteriores. El entramado político lo desgastaron los mandatarios a partir de Ávila Camacho. Las crisis financieras se repitieron incesantemente; los grupos de presión empezaron a coligarse. Los priistas se mezclaron con los panistas, los cuales, al final del siglo XX, mantienen incautado al país.

El crack de la Bolsa Mexicana de Valores, luego de la nacionalización de la banca, desarrolló una banca paralela, mediante propietarios inexpertos, en su mayoría eclosionados de las casas de bolsa, arrendadoras financieras, aseguradoras y sociedades de inversión. Estos mismos, posteriormente se apropiaron de los bancos sin ser banqueros. Salinas transformó a PEMEX y a la CFE, para privatizarlos en un porcentaje muy alto, para que Enrique Peña Nieto en 2014, en un plano definitivo las entregara a las compañías trasnacionales.

La oligarquización se arraigó en México. La tecnocracia priista les cedió el paso. Ahora es un país "neoliberal", según sus ideólogos salidos de las universidades privadas como el ITAM y otra de corte confesional. Una nación roída por el nuevo imperialismo en donde los propietarios del gran capital se apoderan de todo aquello que tenga ganancias. La entrega del país se dio de manera lenta pero segura. Primero la llevó a cabo De la Madrid, mediante la agenda de organizaciones, las cuales catequizaron a los burócratas quienes en pocos años desgastaron a México. Después, Zedillo concesionó los bancos; al siguiente sexenio, Vicente Fox los remató. Ejemplos como la condonación colosal de adeudos a Roberto Hernández, entonces propietario de BANAMEX, la del FOBAPROA/IPAB, así como la exención de impuestos de BANAMEX-CITIGROUP, demuestran el carácter vil y clientelar de los llamados servidores públicos.

Con la llegada de Vicente Fox al Poder Ejecutivo, la transición política era casi un hecho, pues era difícil pensar que los presidentes priistas la hubieran realizado. Pero ante las incongruencias de Fox en sus primeras tomas de decisión, no sucedió lo esperado. El Estado Mexicano continua en plena descomposición; sin embargo, se ha preservado todavía gracias a algunos legisladores comprometidos y a las movilizaciones sociales. A pesar de la frivolidad e ignorancia de Fox por todos conocida a la hora de gobernar, finalmente logró no sólo desmantelar al régimen presidencial, sino darle continuidad al panismo al dejar un relevo análogo a él. Hoy día, Vicente Fox sigue alardeando de sus dos elecciones presidenciales. A Fox no le costó trabajo alguno incumplir su palabra empeñada para acatar el Acuerdo para la Neutralidad Gubernamental aprobada por el IFE. Él metió las manos de forma descarada al proceso electoral, favoreciendo a Calderón, con un pronunciado activismo para inclinar la balanza en las urnas, al remontar la desventaja que llevaba Felipe Calderón frente a Obrador, que era de diez puntos.

El principio oligárquico en los países ricos está formado por alianzas estrechas entre la clase opulenta, protegida, a su vez, por las clases medias mayoritarias. Estos preceptos estarán invariablemente orientados a la ganancia en medio de la desigualdad y la riqueza de unos cuantos. En las administraciones plutocráticas en donde la preponderancia de los ricos se encuentra en el órgano supremo del Estado, la avaricia es la expresión directa del exceso en el tomar. Esto es lo que rige los destinos de las naciones oligarcas.

Felipe Calderón quizás sea el último de los panistas en arribar a la presidencia, sobre todo, después del gran fracaso de sus antecesores de este partido político. Calderón es un individuo de esencia oligarca. Puso, junto con Fox, en riesgo la seguridad de la Nación al entregar e los energéticos de México a las compañías trasnacionales donde la historia tarde o temprano los juzgará. También fue cómplice de los esbirros del capital, entre los que se encontraban Jesús Reyes-Heroles González Garza, director de PEMEX, así como Luis Carlos Ugalde al mando del IFE: ellos se prestaron para quitarle a México una alternativa distinta para su futuro republicano.

Calderón intentó realizar la misma jugarreta de Carlos Salinas de Gortari respecto a PEMEX; Salinas convenció al dirigente de los telefonistas buscando evidenciar que efectivamente TELMEX requería millones de dólares para seguir trabajando, y de no ser así, dejaría de funcionar, por ello era necesario privatizar. Así, Calderón repitió la parálisis ahora con PEMEX, quien, según él, sin reinversiones suficientes, quedaría rezagado de los avances técnicos. El proyecto oligarca de las "bestias del poder", ya entrelazado con el PRI y el PAN, han desmantelado las empresas públicas como CFE y PEMEX, entre otras. El jueves 15 de julio de 2010, Salvador Vega Casillas, titular de la dependencia de la Función Pública, declaró por órdenes del Ejecutivo: "PEMEX es la entidad pública con mayor monto de dinero del erario perdido a causa de la corrupción". Los últimos responsables del Ejecutivo que han privatizado organismos descentralizados utilizaron este tipo de pertrechos, primero desprestigiando a la empresa pública, para después sugerir la privatización o la venta.

Con todos estos antecedentes, la posible "transición política" se encuentra más cerca que nunca. Sin embargo, la historia del pueblo mexicano mostró todo un cementerio de constituciones escritas, establecidas desde el siglo XIX hasta nuestros días, donde privaban libertades y garantías cívicas, aunque proscritas en la práctica cotidiana. Los lineamientos de tales constituciones se mantuvieron en sustancia con periodos cortos, aun cuando el mecanismo constitucional no fue impartido por los tiranos del momento.

El Constituyente de 1917 principalmente tomó en consideración principalmente a los desposeídos de la tierra de este país, pero también otorgó una cédula para que las demás clases sociales estuvieran integradas en el nuevo pacto político, quizá de una forma exagerada e inexacta, pero con bases para contar con las libertades constitucionales en México. Así fue cómo los jornaleros mexicanos se pusieron a recapitular dentro de la Revolución el justo derecho a la tierra, lo cual agitaba a la oligarquía terrateniente, y esta a su vez presionaba a las autoridades posrevolucionarias para evitar tal desacato a sus intereses de tipo feudal.

Los fracasos padecidos en poco menos de una centuria, a consecuencia del abuso de autoridad y de los privilegios reales del dominio público, han provocado una molestia constante en la población. Algunas de sus reclamaciones sociales basadas en el deseo legítimo de protegerse de la tiranía impune del presidente en turno son reprimidas con la anuencia de los representantes del pueblo, como son el legislativo y judicial. De ahí parte la pasividad del pueblo mexicano en pleno siglo XXI.

Bibliografía

Revistas

Proceso
Gaceta de la Universidad Veracruzana
Hoy
Nexos
Política, (Quince días de México y del Mundo)

Diarios

Excélsior
La Jornada
Reforma
Milenio El Portal

Libros

Aquino, Tomás de, *Tratado de la ley, Tratado de la justicia, Gobierno de los príncipes*, México, Porrúa, 2008, 530 pp.

Aristóteles, Obras, *Del Alma, Ética Nicomaquea, Ética Eudemiana, Política, Constitución de Atenas, Poética*, Madrid, Aguilar, 1982, 1066 pp.

Villagrán Ochoa, Álvaro *México, razón de ser*, México, Edigraf Watson- Gómez, S.C. 1996, 890 pp.

Badillo Martínez, Roberto, *El complejo Industrial de los Estados Unidos, Los responsables de las crisis financieras contemporáneas y sus orígenes*, México, Porrúa,186, pp.

Biscaretti di Ruffia, Paolo, *Introducción al derecho constitucional comparado*, México, Fondo de Cultura Económica, 355 pp.

Cárdenas Gracia, Jaime F. *Transición Política y reforma constitucional en México*, México, UNAM, Instituto de Investigaciones Jurídicas, 1996, 212 pp.

Casas, Bartolomé de las, *Brevísima relación de la destrucción de las Indias*, España, Tecnos 1992, S/A, pp.

Cordera, Rolando, *Desarrollo de la economía mexicana. Ensayo de interpretación histórica, México*, Fondo de Cultura Económica, 1983, 818 pp.

De la Boétie, Etienn, El discurso de la servidumbre voluntaria, Barcelona, Tusquets, 1980, 180 pp.

Duverger, Maurice, *Instituciones políticas y derecho constitucional*, Barcelona, Ariel, 1964, 663 pp.

Ferrero, Guglielmo, El Poder, los genios invisibles de la ciudad, Buenos Aires, Argentina, Inter-Americana, 1943, 352 pp.

Garrido, Luis Javier, El partido de la revolución institucionalizada, la formación del Estado en México (1928 -1945), México, Siglo XXI, 320 pp.

Grosrichard, Alain, Estructura del Harén, Structure du sérail: la fiction du despotisme asiatique dans l'Occident classique, Paris, Petrel, 1979, 248 pp.

Hobbes, Thomas, Leviatán o la materia, forma y poder de una república eclesiástica y civil, México, Fondo de Cultura Económica, 2001, 618 pp.

Kenneth Turner, John, *México Bárbaro*, México, Leyenda, 2008, 233, pp.

Locke, John, Sobre el gobierno civil, México, NUEVOMAR, 1984, 131 pp.

López Portillo y Rojas, José, *Elevación y caída de Porfirio Díaz*, México, Porrúa, 1975, 354 pp.

Marcos, Patricio, *El espejo de Fox (la ilusión parlamentaria)*, México, Publicaciones Cruz, 2004, 287 pp.

Marcos, Patricio, *Diccionario de la Democracia*, México, Porrúa, 2010, 1879 pp.

Mijares Sánchez, Mario Raúl, *Formas de Gobierno, lecciones de teoría política*, E.U.A., Palibrio, 2011, 163 pp.

Mijares Sánchez, Mario Raúl, *El modelo gerencial en el sector público*, México, Vargas Impresores, 2007, 155 pp.

Mijares Sánchez, Mario Raúl, *México: génesis de su descomposición política, (Miguel Alemán Valdés 1936 -1952*, E.U.A., Palibrio 2012, 278 pp.

Molina Enríquez, Álvaro, *Antología de Andrés Molina Enríquez*, México, Oasis, 1969, 258 pp.

Molina Enríquez, Andrés, *La revolución agraria en México*, México, Talleres Gráficos de la Nación, 1932, 158 pp.

Morelos y Pavón, José María, *Sentimientos de la nación*, México, Consejo Nacional para la Cultura y las Artes, 2010, 126 pp.

Niblo, Stephen R. *México en los cuarenta, modernidad y corrupción*, México, Océano, 2008, 387 pp.

O'Donenell Phileppe, Guillermo C. Schmitterr/Laurence Whitehead, Transiciones desde un gobierno autoritario, Barcelona, Paidós, 1994, 297 pp.

Peces Barba, Gregorio, La España civil, Barcelona, Círculo de Lectores, Galaxia Gutenberg, 2005, 289 pp.

"Plan de Guadalupe", México, Obsequio de la Secretaría de la Defensa Nacional, 1965, 8 pp.

Rabasa, Emilio, *La evolución histórica de México*, México, Ed. Vda. De Ch Bouret, 1920, 349 pp.

Rabasa, Emilio, *La constitución y la dictadura, Estudio sobre la organización política en México*, México, Porrúa, 1982, 246 pp.

Reveles, José, *Las manos sucias del PAN (historia de un atraco multimillonario a los más pobres)*, México, Planeta Mexicana, 2006, 147 pp.

Reyes Heroles, Jesús, *El liberalismo mexicano*, 3 Tomos, México, Fondo de Cultura Económica, 1994, 727 pp.

Rives, Roberto, *La administración pública de México*, México, FUNDAp, 2009, 248 pp,

Rodríguez, Mario, *El experimento de Cádiz en Centroamérica 1808 a 1826*, México, Fondo de Cultura Económica, 1984, pp.359.

Sierra, Justo, Evolución política del pueblo mexicano, México, UNAM, 1902, 364 pp.

Spencer Stephen, Goodspeed *Aportaciones al conocimiento de la administración federal*, México, Secretaría de la Presidencia, Dirección General de Estudios Administrativos, 1976, 547 pp.

Tocqueville, Alexis de, *La democracia en América*, México, Fondo de Cultura Económica, 2001, 743 pp.

Tocqueville, Alexis de, *El antiguo régimen y la revolución*, Madrid, Alianza Editorial, 1982, 294 pp.

Torres Ramírez Blanca, *México en la Segunda Guerra Mundial, historia de la Revolución Mexicana, periodo 1940 -1952*, México, El Colegio de México, 1979, 382 pp.

"La planeación del desarrollo en el umbral del siglo XXI", México, SHCP y Fondo de Cultura Económica, 1998, 592 pp.

México a través de los informes presidenciales, La administración pública, 5 Tomos México, Secretaría de la Presidencia, 1976, 471 pp.

Bases constitucionales del federalismo, México, Instituto de Administración Pública, 1996, 340 pp.

www.ingramcontent.com/pod-product-compliance
Lightning Source LLC
Chambersburg PA
CBHW020913290526
45784CB00002BA/536